ISBN 978-0-265-39874-6
PIBN 10663686

This book is a reproduction of an important historical work. Forgotten Books uses
state-of-the-art technology to digitally reconstruct the work, preserving the original format
whilst repairing imperfections present in the aged copy. In rare cases, an imperfection in
the original, such as a blemish or missing page, may be replicated in our edition. We do,
however, repair the vast majority of imperfections successfully; any imperfections that
remain are intentionally left to preserve the state of such historical works.

Le

Fils e Louis XVI

T DE LOUIS XVII EN HÉLIOGRAVURE

...er scriptus erat intus et
foris : Et scriptæ erant in eo
lamentationes, et carmen et
væ.

Ezéchiel, II, 9.

PARIS

SOCIÉTÉ DV MERCVRE DE FRANCE

XV, RVE DE L'ÉCHAVDÉ-SAINT-GERMAIN, XV

—

MCM.

Fils

Le
Fils de Louis XVI

AVEC UN PORTRAIT DE LOUIS XVII EN HÉLIOGRAVURE

> Liber scriptus erat intus et
> foris : Et scriptæ erant in eo
> lamentationes, et carmen et
> væ.
>
> *Ezéchiel, II, 9.*

PARIS

SOCIÉTÉ DV MERCVRE DE FRANCE

XV, RVE DE L'ÉCHAVDÉ-SAINT-GERMAIN, XV

—

MCM

IMP   S( )IE

Otto

l: Louis XVIII à la fin du volume

Le

Fils de Louis XVI

AVEC UN PORTRAIT DE LOUIS XVII EN HÉLIOGRAVURE

> Liber scriptus erat in et
> foris : Et scriptæ erant co
> lamentationes, et carm et
> væ.
>
> *Ezechiel.* 9.

PARIS

SOCIÉTÉ DV MERCVRE DE FRAN

XV, RVE DE L'ÉCHAVDÉ-SAINT-GERMAIN, X

—

MCM

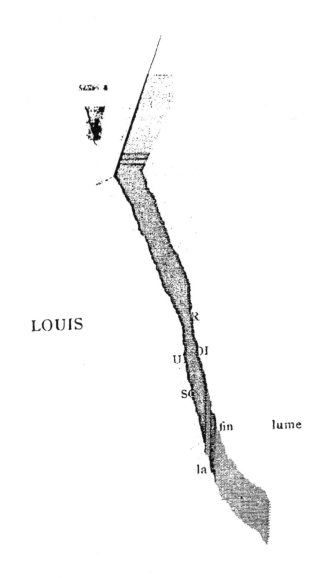

LOUIS

la *Note* s

Le
Fils de Louis XVI

AVEC UN PORTRAIT DE LOUIS XVII EN HÉLIOGRAVURE

Liber scriptus erat intus et
foris : Et scriptæ erant in eo
lamentationes, et carmen et
væ.

Ezéchiel, II, 9.

PARIS

SOCIÉTÉ DV MERCVRE DE FRANCE

XV, RVE DE L'ÉCHAVDÉ-SAINT-GERMAIN, XV

—

MCM

LOUIS XVII

REPRODUCTION A LA GRANᵣ

DE L'ORIGINAL IMPRIMÉ SU)ɪE

Collection Otto Friedrichs

Voy. la *Note sur le portrait de Louis XVII*, ²fin du volume

Le
Fils de Louis XVI

AVEC UN PORTRAIT DE LOUIS XVII EN HÉLIOGRAVURE

> Liber scriptus erat intus et
> foris : Et scriptæ erant in eo
> lamentationes, et carmen et
> væ.
>
> *Ezéchiel, II, 9.*

PARIS

SOCIÉTÉ DV MERCVRE DE FRANCE

XV, RVE DE L'ÉCHAVDÉ-SAINT-GERMAIN, XV

—

MCM

IL A ÉTÉ TIRE DE CET OUVRAGE :

Trois exemplaires
sur Japon impérial, numérotés de 1 à 3, trois exemplaires
sur Chine, numérotés de 4 à 6,
et vingt exemplaires sur Hollande, numérotés de 4 à 26.

JUSTIFICATION DU TIRAGE :

OTTO FRIEDRICHS

QUI FAIT, DEPUIS VINGT ANS,

L'AUMONE DE SON AME

AU PAUVRE LOUIS XVII

DERNiER ROI

DE

FRANCE

LE ROI FANTOME

> ... turbati sunt, dicentes :
> Quia phantasma est. Et præ
> timore clamaverunt.
> *Saint Matthieu*, xiv, 26.

On a beaucoup écrit sur Louis XVII. Voici la *seule* page que Dieu puisse lire, parce que c'est la seule que Dieu ait écrite. Page de pierre, comme les Tables de Moïse, et sur laquelle il se pourrait bien que le XIXe siècle fût condamné :

ICI REPOSE

LOUIS XVII

CHARLES-LOUIS, DUC DE NORMANDIE

ROI DE FRANCE ET DE NAVARRE

NÉ A VERSAILLES, LE 27 MARS 1785

MORT A DELFT, LE 10 AOUT 1845.

Telle est l'épitaphe offerte à l'étonnement du voyageur, sur la dalle d'une humble tombe, dans le cimetière de la petite ville de Delft, en Hollande, l'unique pays de ce

monde où le fils de Louis XVI ait été reconnu
pour ce qu'il était.

Et voilà tout. *Il n'y a pas de Croix.* L'Orphelin des Majestés Très-Chrétiennes n'a
pas obtenu cette aumône. Il dort comme il
peut, depuis cinquante-cinq ans, privé de
ce Signe de Propitiation et de Royauté que
ses amis, témoins pourtant de sa religieuse
mort, ont inexplicablement refusé à sa sépulture.

Maintenant le siècle va finir. Tout pré-
sage qu'il finira dans une apothéose de mas-
sacres et d'incendies. C'est à peine s'il aura
le temps de pousser un cri et de tomber
mort. Lorsqu'il ne sera plus et que les Nou-
veaux Temps auront commencé, — quels
Temps? ô Seigneur! — à qui pourrait-on
parler encore de cet effrayant malheureux?

Il appartient tellement au xıxe siècle
qu'on ne peut l'en arracher et qu'il est forcé
de partager son destin. Quand ce siècle
bronchera, le dernier porteur des grands
Lys pâles de la France bronchera de même

dans l'oubli profond, c'est infiniment probable, — à moins que le Dieu de tous les miracles ne ramasse la goutte de sang que le Prince lugubre laissa sur la terre, pour en faire un Globe dans Sa Main... Mais cela, c'est le secret du Maître et du Père, et les plus grands Anges l'ignorent.

Est-ce bien exact, cependant, de dire que Louis XVII appartient au xixe siècle? Je pense plutôt que le xixe siècle appartient à Louis XVII. Il ne lui appartient pas seulement comme le juge inique appartient à l'Innocent qui doit le juger à son tour; il lui appartient comme le désert à une ruine grandiose et redoutée. Mieux encore, le xixe siècle est vraiment sorti de Louis XVII, en ce sens que le torrent des iniquités ou des hontes inexprimables dont la France meurt depuis cent ans, n'est autre chose qu'une luxuriance de la primordiale iniquité que traduit le nom du prince lamentable.

Je ne sais si je pourrai faire entrevoir seulement l'énormité inouïe et tout à fait sans exemple de cette injustice, mais, à coup sûr, il ne s'en est jamais vu d'aussi féconde. On peut dire que tout ce qui s'est accompli en Europe, à partir du 8 juin 1795, est une suite rigoureuse, nécessaire, de l'épouvantable comédie des funérailles de l'Enfant Roi. Toutes les combinaisons élaborées par les galériens de la politique, pendant quatre générations, ne sont rien de plus que l'effort identique et sans cesse renouvelé des cuisiniers de nos catastrophes, en vue de continuer le mensonge qui les engendra, et les Cent années d'imposture se sont assises, l'une après l'autre, dans l'amphithéâtre, pour contempler l'agonie d'UN homme.

Si la Sottise est le Péché irrémissible, comme on est tenté parfois de le craindre, comment Dieu s'y prendra-t-il pour ouvrir son ciel au premier sot qui osa parler du *Roi-Martyr?*

Certes, il faudrait avoir l'âme d'un goujat pour ne pas sentir une grande pitié au souvenir de la fin cruelle de Louis XVI. Tant de choses bêtes et noires s'accumulèrent sur lui et le pauvre homme qu'il était fut tellement désigné pour l'expiation de tant de crimes anciens dont il était innocent, qu'il est difficile, même après cent ans, d'échapper entièrement à la tristesse morne et glaciale de ce jour d'hiver où tomba la tête sans pensée de celui qui représentait en France la Paternité divine.

On chercherait en vain par toute l'histoire une chose plus navrante, c'est incontestable. Mais la pitié des hommes, quelque déchirante qu'on la suppose, ne fut jamais une suffisante recommandation pour être inscrit sur les Diptyques et pour être mis sur les Autels. Le nom de Martyr est ce qu'il y a de plus grand et c'est une stupeur de songer à

l'abus vraiment sacrilège que la sentimenta-
lité de quelques bavards a osé faire de cette
expression liturgique !

Comment des prêtres pourraient-ils ignorer que le Martyre est le point culminant du
christianisme, la plus haute et la plus éclatante fleur de l'Arbre surnaturel et comment
quelques·uns ont-ils pu assez oublier la Tra-
dition de l'Eglise et les Décrets du Saint-
Siège pour imaginer, un instant, la Palme
terrible dans les mains inertes du prince qui
signa, d'une plume tremblante, l'épée de
saint Louis pendue à son flanc, la *Constitu-
tion civile du clergé ?*

Il s'en est repenti, assure-t-on. C'est Dieu
qui le sait. Mais les victimes sans nombre
qu'il n'essaya même pas de défendre ; mais
les têtes coupées qui roulèrent en avalanche
du pied de son trône dans les abîmes ; mais
les bouches mortes des prêtres, des petits

enfants, des femmes, de tous ceux qui pouvaient crier utilement vers Dieu ; mais le dé-
chaînement tumultueux des trahisons, des
apostasies et des opprobres qu'une seule
heure d'énergie royale pouvait conjurer;
enfin la destruction à jamais d'une société
chrétienne bâtie sur les Ossements des Saints,
bâtie sur lui-même, et qu'il avait la fonction
d'étayer jusqu'à son dernier soupir; — qui
oserait dire qu'il s'en est repenti?

On a raconté qu'il défendit qu'on l'arra-
chât de vive force des mains des bourreaux.
« Je ne veux pas, aurait-il dit, qu'une seule
goutte de sang soit versée pour moi ». Quelle
parole a été plus admirée que cette parole
imbécile et lâche d'un roi qui ne comprenait
pas qu'en acceptant pour lui l'abattoir, il
ouvrait les veines d'un monde !

Le *Roi-Martyr!* Il faudrait un ange pour
dire ce que ce lieu commun a coûté. Après la

guillotine, il n'y avait plus d'autre expédient
pour renouveler indéfiniment le régicide.
Les têtes de roi peuvent repousser sous le
couperet, elles ne repoussent pas sous le ridicule, et cette appellation blasphématoire
était sans doute la guillotine la plus sûre
pour décapiter la descendance de Louis XVI.
Le monstre d'infortune que fut son fils eût
pu être le survivant acceptable d'un monarque
sans auréole, mais comment aurait-il pu
l'être d'un roi martyr ? C'était trop demander
au xixe siècle.

Charles-Louis de Bourbon, duc de Normandie, dernier rejeton de trente-deux rois
de France et de vingt-trois rois de Navarre,
porta toute sa vie, à travers l'Europe homicide, la tête coupée de son père, comme
l'Apôtre des Gaules avait porté son propre
chef jusqu'au lieu marqué pour la sépulture
à venir de ces mêmes Rois Très-Chrétiens
qui n'existaient pas encore. Lorsqu'il fut trop
las de cette relique pesante, il se coucha pour
mourir, la léguant aux héritiers de sa prodi-

gieuse misère, afin qu'ils la traînassent à leur
tour. Et c'est toujours la pauvre tête coiffée
du nimbe dérisoire et sempiternel qui déconcerte jusqu'à la pitié.

En supposant même le désarmement universel de cette Raison d'Etat implacable qui
réduisit Louis XVII à la condition d'un fantôme, comment faire accepter l'orphelin
d'une misérable enluminure de dévotion à
des peuples épuisés de patience et recrus de
tous les symboles, qui ne demandent pas
moins, désormais, que le Règne tangible du
Dieu vivant !...

Il a régné, cependant, Louis XVII. On
peut même dire que jamais il n'y eut un
règne si effrayant. Tant qu'il dura, les plus
puissants hommes eurent peur. Napoléon
qui en tremblait fit la guerre aux rois tremblants pour cacher son épouvante. Quand
tomba ce colosse qui résorbait en lui l'anxiété

du monde, comme un puits du ciel résorbe la foudre, la terreur parut augmenter. On fut en peine de savoir où était une France devenue, elle aussi, un fantôme de nation sur qui régnait un roi invisible, un roi sans trône et sans couronne, un roi sans figure, sans langue et sans mains...

« Tu ne seras pas roi », avait dit à l'enfant des rois la Sorcière de 92, penchée sur son effroyable bouillon de sang. « Tu ne seras pas roi », avait dit à son tour l'incrément terrible de cette Circé, le Napoléon du tonnerre que le Souverain Pontife était venu sacrer à Notre-Dame, ainsi qu'un vrai roi, et qui fut alors la plus prophétique image de Celui qui doit tout dompter à la fin des fins. « Tu ne seras pas roi », répétèrent les bouches de tous les esclaves qui grelottaient sur les trônes de l'Occident.

Ah ! on ne savait guère ce qu'on voulait, mais on savait très-certainement ce qu'on ne voulait pas. A quelque prix que ce fût, on ne voulait pas de ce prince, *parce qu'il était le*

PRINCE DES LYS, et toutes les canailles
furent bonnes pour le supplanter. N'importe quoi lui fut préféré. Il y eut une rage
universelle, un démoniaque besoin de faire
avorter la Providence, d'effacer par tous
les moyens, le mystérieux et profond
espoir des hommes, accoutumés, depuis tant
de générations, à chercher l'Image de Notre
Seigneur Jésus-Christ dans les yeux bleus de
la Monarchie française.

Le trône de Saint Louis et de Charlemagne, dans la foi simple du peuple, avait juste
autant pesé que l'escabeau du Saint des
Saints sur les trappes closes de l'enfer, et
quel que fût le mal de ce monde, on était
bien sûr que rien ne serait tout à fait perdu,
aussi longtemps que la Fleur qui « ne tra-
vaille ni ne file » serait vêtue à peu près
comme Salomon. *Considerate lilia agri.* La
nudité laborieuse et le vagabondage perpé-

tuel de Louis XVII furent, après dix-huit
cents ans, la réponse du Diable au Sermon
sur la montagne. Et le monde qui se croyait
encore chrétien vit tomber sur lui le filet
immense d'une incomparable servitude.

« Tu ne seras pas roi », avait-on crié de
partout. Or, voici le prodige qui ne s'était
jamais vu et dont l'analogue est introuvable.
Louis XVII, universellement rejeté, régna
néanmoins cinquante ans, de 1795, année de
sa prétendue mort, à 1845. Il régna « démo-
nétisé », invisible et tout-puissant, *par l'im-
possibilité même de prouver qu'il n'existait
pas.* Avec le despotisme sans contrepoids des
forces occultes, il régna dans la volonté per-
verse de tous ceux qui, ayant pris sa place
et craignant toujours de le voir surgir,
essayèrent, par l'égorgement ou le prestige,
de raturer jusqu'à sa mémoire. Et il arriva,
pour confondre la pensée, que le plus innocent des princes n'eut d'autres fanfares que
les rugissements ou les sanglots.

De même qu'on lui avait substitué un enfant

mort pour qu'il s'évadât du Temple, de
même on tenta de lui substituer *toute la
France morte* pour l'exclure à jamais de son
Héritage et de son Nom, pour qu'il fût oublié
dans les ténèbres extérieures où on pleure
en grinçant des dents, pour qu'on pût dire
une bonne fois : Le lils des Rois Très-Chrétiens est si défunt que voilà son cadavre sans
sépulture, son cadavre trop grand pour être
caché sous la terre et qu'il faut abandonner
aux enfants des chiens. Or Dieu sait si les
dévorants accoururent, gueules béantes,
gueules pourries, gueules de carnage et de
pestilence!

Tout porte, en réalité, sur ce faux fantôme : 13 vendémiaire, 18 fructidor, 18 brumaire, Marengo, Vincennes, Austerlitz,
Friedland, Wagram, Moscou et les deux
culbutes de Napoléon; puis la criée des consciences, la surenchère des mains sanglantes

qui s'est appelée la Restauration; enfin l'ignominie décourageante et insurpassable de la
Monarchie de juillet; quatre ou cinq millions
de morts, huit. ou dix royaumes dévastés,
deux ou trois cents villes à sac, le Corps
mystique de Notre Seigneur Jésus-Christ
percé de la lance et l'avènement définitif du
Bourgeois infâme !... Toutes ces choses pour
étouffer la voix d'un pauvre, la voix imper-
ceptible d'un obscur, d'un malheureux qui
demandait seulement qu'on l'appelât par son
nom.

Et, comme si tout, dans cette histoire,
devait nécessairement aller au-delà des confins extrêmes de l'extravagance et de l'horreur, il y eut une créature sortie du même
flanc que ce misérable, la première d'entre
les princesses du monde, implacablement
armée contre lui de toutes les griffes des
oiseaux de proie qui avaient déchiré leur père
et leur mère. La duchesse d'Angoulême qui
n'avait qu'un mot à dire pour changer la face
de l'Europe, aima mieux assassiner son frère

pendant trente ans, et mourut elle-même six
ans plus tard, toujours fidèle à son démoniaque silence, comblée de gloire et de richesses, canonisée par un peuple de domestiques,
vomie par sa victime agonisante, reniée par
toutes les Intercessions des cieux, hagarde
et désespérée...

Il est donc rigoureusement vrai d'affirmer
le règne effectif de Louis XVII. Les monarques, même les plus certifiés, règnent comme
ils peuvent, et ne règnent que comme ils
peuvent. Celui-ci, ayant été décrété fantôme,
ne put régner que comme un fantôme, pour
l'hallucination et le désarroi de son peuple
atteint de démence qui ne put jamais le con-
naître et qui, pourtant, dut épouser son
destin, car telle est la loi.

C'est à faire chavirer l'imagination de se
dire qu'il y eut un homme sans pain, sans
toit, sans parenté, sans nom, sans patrie, un

individu quelconque perdu dans le fond des foules, que le dernier des goujats pouvait insulter et qui était, cependant, le Roi de France!... Le Roi de France reconnu tel, en secret, par tous les gouvernements dont les titulaires suaient d'angoisse à la seule pensée qu'il vivait toujours, qu'on pouvait le rencontrer à chaque pas, et qu'il tenait peut-être à presque rien que la pauvre France, toute frappée à mort qu'elle fût, voyant passer cette figure de sa douleur, ne reconnût soudain le Sang de ses anciens Maîtres et ne se précipitât vers lui avec un grand cri, dans un élan sublime de résurrection.

On fit ce qu'on put pour le tuer. Les emprisonnements les plus barbares, le couteau, le feu, le poison, la calomnie, le ridicule féroce, la misère noire et le chagrin noir, tout fut employé. On réussit à la fin, lorsque Dieu l'eut assez gardé et lorsqu'il avait déjà soixante ans, c'est-à-dire lorsqu'il avait achevé de porter la pénitence de soixante rois.

Ne fallait-il pas aussi qu'il y eût, en l'étrange dix-neuvième siècle, cette *préfiguration* mystérieuse de QUELQU'UN qui doit, aux temps révolus, se cacher sous l'affreuse guenille des hommes, au ras de leur fange, en plein cloaque de leur purulence ou de leur malice, pour en être mieux outragé, et que les plus viles canailles regarderont avec horreur, en lui disant : « Il ne reste plus en toi un atome de la ressemblance de Dieu » — jusqu'à l'heure irrévélable où cet étranger fera palpiter les cœurs des morts en criant son NOM ?

« Je vais à mon Père céleste... il me couronnera », exhala, en mourant, Louis XVII.

· Ce jour-là, Dieu dit à Noé : — Construis une arche, le déluge de *feu* va commencer.

II

LES LYS DE FRANCE

Lilia procedentia de cande-
labro.

Exode, xxv, 31.

Le déluge de feu! C'est aujourd'hui qu'on le sent venir! Toutes les forces de la nature ne sont elles pas réquisitionnées par une science démoniaque, en vue, semble-t-il, de préparer un atlantique de flammes au pélerin de la Très-Haute Trinité qui va descendre?

« Esprit-Saint, descendez... », chantent les enfants. « Veni Sancte Spiritus », dit la Liturgie par des millions de lèvres machinales et sans amour, orifices « béants comme des sépulcres ». A l'exception d'un petit nombre de solitaires conspués, qui donc, jusqu'à ce jour, a osé croire que quelque chose pouvait arriver?

Jusqu'à ce jour... Et maintenant voici l'Angoisse. Beaucoup se demandent comment finira ce siècle inouï, si différent des autres siècles, où les hommes ont entrepris de tout recréer, de renouveler la face de la terre, au prix de quels déboires et de quelles ignominies ! La détresse des âmes est devenue si excessive qu'il est impossible de trouver une réponse aussi longtemps que l'idée de cataclysme ne se présente pas à l'esprit, et quel autre imaginer, sinon le cataclysme par le feu ?

Naguère encore des loqueteux au désespoir avaient rêvé de faire éclater le monde. Ils parurent si impuissants ou si bêtes, ces plagiaires anticipés de la Foudre, que c'était vraiment à faire pleurer, et que le ridicule éteignit leurs pauvres engins plus sûrement que la répression. Ils n'étaient, au juste, que des prodromes, des signes univoques de la Présence effroyable, des fumerolles du Volcan, des *avertisseurs* très-humbles et très-imbéciles, mais expressément envoyés pour annoncer que le Vagabond de qui tous les rois sont palefreniers, allait s'asseoir à la mappemonde et manger *son* peuple à la lampe des conflagrations.

« Eh! pourquoi le feu? » disent les sots.
Parce qu'il a plu à Dieu de le révéler, tout
simplement, et qu'il est sans exemple que
Dieu se soit trompé. Quant à l'échéance,
elle est surabondamment indiquée par ceci
qu'il n'y a presque plus moyen d'attendre, et
que l'holocauste va empuantir l'univers, s'il
n'est pas bientôt consumé.

Cet holocauste, c'est la France détronquée,
privée de son chef, depuis qu'elle-même l'a
lancé du pied dans les lieux obscurs. C'est
un corps mort que le seul grouillement de
ses entrailles fait paraître encore vivant et
sur lequel pleure silencieusement la Mère de
Celui qui ressuscita Lazare. Les Lys sont
morts, les Lys travaillent et filent moins
que jamais, puisqu'ils sont morts, et leur vê-
tement n'est plus de gloire ou de lin candide,
comme celui de Salomon, mais de pourriture...

Un peu plus de treize mois après la mort
de Louis XVII, le 19 septembre 1846, eut
lieu l'évènement extraordinaire de la Salette.
Un Être indicible qui parlait comme la Mère
de Dieu et la Souveraine des créatures,
apparut à deux enfants pauvres sur une montagne du Dauphiné! Elle descendit vers
eux dans la lumière d'un jour éclatant et se
manifesta sensiblement à leurs yeux dans
l'irradiation plus vive de sa propre gloire de
Mère du Jour. Elle conversa familièrement
avec eux, accommodant le langage de son
Intelligence ineffable à l'ineffable misère de
leurs esprits! Elle leur parla de « son peuple » qui allait périr et de « la pesanteur du
Bras de son Fils ». — *Il est si lourd et si
pesant*, dit-elle, *que je ne puis plus le rete-
nir.* Elle leur donna, en peu de paroles, de
même qu'on rompt du pain à des indigents,
toute la substance des Préceptes Saints,
accompagnée de promesses magnifiques, si
son peuple obéissait, et soutenues d'épou-
vantables menaces, si son peuple n'obéis-

sait pas. Ce fut un pacte de réconciliation entre l'Exaltatrice des humbles et ces deux imperceptibles cailloux humains roulés sur le flanc de cette montagne inconnue, par lesquels elle avait voulu que tous les superbes fussent représentés en ce jour. — *Faites-le passer à tout mon peuple*. Telle fut sa dernière parole.

Les pâtres ont raconté que les larmes coulèrent sans interruption des yeux de la « Belle Dame », depuis le moment où ils l'aperçurent, assise sur une pierre et pleurant, le visage caché dans ses mains, jusqu'à la minute où s'élevant de terre, elle leur parut s'enfoncer comme un globe de feu dans le firmament.

Certes, le livre sur la Salette est toujours à faire, et la méconnaissance universelle, encore aujourd'hui, du miracle le plus unique, assurément, qu'il y ait eu depuis les Langues de feu, est une autre sorte de prodige non moins surprenant. Je n'ai voulu que signaler la promptitude fort singulière

de cette manifestation, si peu de temps
après que le Candélabre aux Lys d'Or dont
il est parlé dans le Pentateuqûe avait été
renversé. Lorsqu'éclata la nouvelle de
l'Apparition, un seul chrétien s'est-il
demandé si quelque chose d'infiniment précieux ne venait pas d'être brisé pour que
la Splendeur elle-même, la Gloire impassible
et inaccessible parût en deuil ? — *Depuis le
temps que* JE SOUFFRE *pour vous autres*!
Quel mot troublant et inconcevable!

La catastrophe est si énorme que ce qui
ne peut absolument pas souffrir souffre
néanmoins, et pleure. La Béatitude sanglote
et supplie. La Toute-Puissance déclare
qu'elle n'en peut plus et demande grâce...
Que s'est-il donc passé, sinon que Quelqu'un
est mort qui ne devait pas mourir ?

Le jour de la Passion du Fils de Dieu,
celui qui devait être saint Denys, se trou-

vant à Héliopolis, vit cette éclipse, qui ne
s'était jamais vue, du soleil au temps de la
pleine lune, le premier Vendredi Saint. —
Que signifie ce prodige ? demanda-t-il à son
ami Apollophane. — C'est un signe, répondit celui-ci, qu'il se fait, à cette heure, un
changement dans les choses divines. — *Ou
le Dieu de la nature souffre*, conclut l'Aréopagite, *ou toute la machine du monde va se
détruire et retourner à son ancien chaos !*

Dieu me préserve de tout rapprochement
sacrilège, mais je sais, — et peut-être suis-je
le dernier à le savoir — que c'est *surtout*
pour la France que Jésus a sué le sang et
qu'il a « englouti la mort », suivant l'expression formidable de saint Pierre ; parce que
la France est la Fille aînée de son Eglise,
parce qu'elle est la nation aux mamelles de
qui sont pendues les autres nations, la seule
dont il ait *besoin*, la seule capable de l'ou-
trager ou de le glorifier comme il lui convient
de l'être, la Madeleine et la Véronique tout
ensemble, enfin la préférée, la bien-aimée,

la non pareille dont il souffre tout, dont il attend tout, et qu'il a tellement pénétrée de lui qu'elle ne peut pas faire un geste sans trahir un dessein divin.

L'Histoire de France est quelque chose comme le Nouveau Testament continué, comme une *parabole* immense, omise par les quatre Évangélistes qui auraient à peine osé y faire allusion. Les mots *gallus* et *gallina*, extrêmement rares dans l'Écriture, ne prennent un sens qu'à l'heure terrible où tout va être consommé.

« Considerate lilia agri »... Voyez comme ils croissent les lys du champ... Le Maître ne s'explique pas davantage. Il les exhale dans la Vision substantielle, ces mots étranges, ces mots *créateurs*. Il sait qu'il ne faudra pas moins d'une demi-douzaine de siècles pour que ces lys croissent, en effet, sur l'emblématique *champ* d'azur, et le nom de Salomon, qu'il prononce aussitôt après avoir nommé l'herbe mystérieuse, n'évoque-t-il pas immédiatement tout le Cantique :

« Mon bien-aimé est à moi et je suis à lui;
mon bien-aimé est celui qui paît au milieu
des lys, jusqu'à ce que le jour naisse et que
se dissipent les ombres » ?

Un peu plus tard, il faut qu'il souffre, ce
Bien-Aimé, et alors, il ne sera plus seulement parmi les lys, mais le Lys même « entre
les épines », le Lys en croix sur un autre
champ d'azur, avec ses deux Bras tendus en
haut; son Corps tout rigide et son effrayante
Tête qui meurt...

La France est le Secret *de Jésus*, le Secret
profond qu'il ne communiqua point à ses
disciples et qu'il voulut que les peuples
devinassent. « Adhuc multa habeo vobis
dicere: sed non potestis portare modo ».

Pourtant, un jour, la veille même de sa
mort, dans l'ivresse du premier Banquet
eucharistique, il ne put se contenir tout à fait
et il fallut qu'il en laissât voir quelque chose.

« Antequam *gallus* cantet ». Prends garde
au Coq, Pierre, tu ne pourras pas me renier
sans que le Coq chante et ne te confonde.
Prends garde au Coq et prends garde à toi,
mon Pasteur, dans tous les siècles des
siècles !...

Si on se rappelle que la Parole sainte
est toujours en similitudes et en figures,
que penser d'une réprimande consignée avec
tant de soin par les quatre évangélistes, et
qui oserait se pencher sur cet abîme ?

Ah ! que la France est désignée ! la France
des Lys, la France du Coq, la France du
bon Pain et du bon Vin, de la belle humeur
et des chansons ; la France des Croisades,
la France par qui le monde fut conquis et
reconquis dans l'espace d'un millénaire ; la
France qui s'est soûlée de son propre sang,
lorsque le Sang du Christ lui a manqué et
qui est devenue, instantanément, la Gorgone
de l'univers ; la France, pour tout dire, que
la Souveraine des cieux en personne voulut
visiter jusqu'à trois fois en un demi-siècle,

aux heures de tribulation excessive, se sou-
venant que cette *image* de son Royaume lui
fut autrefois confiée.....

En présence de tels objets, toutes les
comparaisons défaillent. Je me souviens,
cependant, qu'il est écrit que « nous ne
pouvons rien voir, quant à présent, sinon
d'une manière énigmatique, par le moyen
d'un miroir ». D'après le Texte sacré, nous
sommes littéralement des contemplateurs
d'énigmes dans un *miroir*. Comment expliquer la France d'une autre manière ?

N'est-elle pas elle-même ce miroir ardent
par qui tous les habitants du globe reçoivent,
comme ils peuvent, dans leurs yeux brûlés
de ses flammes, l'éblouissement surnaturel
de la Face de Jésus-Christ? C'est par ce
miroir seulement que les « gestes de Dieu »
sont manifestés. Quand il s'obscurcit, le
reflet s'obscurcit de même, et toutes les fois

qu'il est tombé dans la boue, on a cru voir
cette boue jaillir jusqu'au fond **des cieux**.

La monarchie était son support unique,
nécessaire, indiscutable; la Monarchie en
forme de Lys d'où procédaient toutes les
monarchies et qui ne ressemblait à aucune
autre. Lorsque s'éteignit le dernier titulaire
de la succession Capétienne, il est donc.tout
à fait raisonnable de penser qu'il y eut dans
les choses divines quelque *changement*
incompréhensible, analogue à celui qu'avait
entrevu l'Aréopagite, et annonciateur de
calamités sans nom.

La France, néanmoins, a survécu à Louis
XVII, mais on sait comment, et dans quel
cloaque de charognes est descendu le glorieux miroir où la Splendeur incréée prenait
ses délices. Il ne lui reste plus même de
quoi refléter les pourceaux abominables qui
s'y complaisent depuis cinquante ans, pour
ne rien dire des hippopotames ou des tapirs
qui ont précédé. Si un prophète venait dire
au monde ce que la France est devenue, en

réalité, dans ces derniers temps, le monde
ferait connaissance avec les affres de l'horreur, et l'épouvante universelle irait au-delà
de ce qui peut être conçu. On saurait alors
ce qui s'est perdu et on comprendrait que les
Temps sont proches.

L'essence française, malgré tout, est une
chose tellement à part; tellement réservée
qu'on ne trouve à lui comparer que l'essence
juive. L'estampille de l'une et de l'autre Race
paraît être la NÉCESSITÉ divine, l'ineffa-
çable et irréfragable Décret qui les associe
pour jamais aux vicissitudes providentielles.
Celle-ci crucifie son Dieu parce qu'il est le
fils de ses Rois, celle-là fait mourir le fils de
ses rois, parce qu'il est la plus claire image
du Fils de son Dieu, et le dénouement du
drame de l'Homme est à leur merci. Mais ce
dénouement est inconnu, et voilà pourquoi
les Larmes de la Salette ont coulé.

III

L'ABSENCE DE DIEU

> Abscondam faciem meam
> ab eo, & erit in devorationem.
> *Deutéronome*, XXXI, 17.

Il est remarquable qu'à une époque où l'information méticuleuse est devenue la Sorcière du monde, il ne se rencontre pas un individu pour donner aux hommes des nouvelles de leur Créateur.

Celui-ci est absent des villes, des campagnes, des monts et des plaines. Il est absent des lois, des sciences, des arts, de la politique, de l'éducation et des mœurs. Il est absent même de la vie religieuse, en ce sens que ceux qui veulent encore être ses amis les plus intimes n'ont aucun besoin de sa *présence*.

Dieu est absent comme il ne le fut jamais. Le lieu commun des psaumes qui faisait trembler les vieux Hébreux, le « ne dicant gentes : ubi est Deus eorum? » est enfin réalisé dans sa plénitude! Il n'a pas fallu moins de dix-neuf siècles de christianisme.

Certes, les chrétiens ne manqueront pas de protester que Dieu est partout, au ciel, sur la terre et dans les enfers. Mais cette ubiquité rassurante pour des multitudes qui ne croient plus au ciel, ni à l'enfer, et qui ont même cessé, par contre-coup, d'avoir une notion précise de la terre, équivaut, en sa formule, à une absence infinie.

Cette absence est devenue l'un des Attributs de Dieu. Ainsi se trouve consommé le licenciement d'un Créateur, dont les hommes n'ont plus besoin, depuis qu'on a trouvé mieux que le Paradis. Dieu est absent de même sorte qu'il est adorable, au point qu'on dirait que c'est le contraire du catéchisme qu'il faut entendre et que la Béatitude éternelle consiste principalement à *ne pas le voir*.

Tout, excepté cela. C'est la grande Peur humaine. « Non poteris videre faciem meam, — Quiconque me verra cessera de vivre », fut-il déclaré à Moïse. Le genre humain n'a

jamais pu se remettre de cette Parole. Si
elle fut à peine supportable dans le temps
des Saints, comment le serait-elle dans le
nôtre? Sans la vie surnaturelle dont les
peuples s'éloignent de plus en plus, le désir
de la Vue de Dieu n'est pas même à concevoir et l'idée seule qu'un Dieu peut être *vu*
ne cesserait d'être absurde que pour devenir
un principe d'épouvante.

Il est dit que les cœurs purs sont bien-
heureux « parce qu'ils verront Dieu ». Alors
vivent les cœurs impurs, les cœurs pourris,
les cœurs habités par la vermine des démons!...

Sans doute, ceux qui se croient encore
chrétiens ne disent pas cela, mais c'est tellement ainsi que s'exprime la nécessité de leur
choix!

Un jour viendra, jour très-proche, vraisemblablement, où toutes les hypocrisies
seront aux abois et où le monde entier sera

forcé de reconnaître qu'on est tout à fait sans
Dieu. Il y a lieu de croire que cette fête est
pour le commencement du prochain siècle.
Mais, comme tout l'univers, à ce moment-là,
sera dans des automobiles ou sur des véloci-
pèdes, l'occasion de bondir de joie ne sera
saisie presque par personne. On se conten-
tera d'écraser, avec un extrême soin, les
rares piétons indigents échappés à de précé-
dentes exterminations et on continuera de
rouler furieusement vers le double gouffre
invoqué par les hideuses mécaniques : l'imbécillité des hommes et la stérilité des femmes.
On *s'amusera* dans la pourriture et la démence.

Or, en attendant ces choses, à l'heure
présente où le tocsin de la fin du siècle n'a
pas précisément commencé ; à cette minute
quasi-dernière où quelque chose dure encore
de ce qui fut la Passion du Fils de Dieu dans
tous ses membres, et où quelques âmes
restées en arrière de l'horrible multitude
peuvent souffrir comme on souffrait autre-

fois, à la pensée que le Dieu du ciel et de la
terre est introuvable ;... en un tel moment,
qui est à peu près celui de la mort, il est
bien permis de se demander si, vraiment,
l'Image n'est pas aussi *absente* que le Pro-
totype et s'il peut y avoir des hommes dans
une société sans Dieu?

N'est-ce pas à confondre l'imagination?
Voilà un siècle, un interminable siècle, que
nous prendrons, si on vent, à 1789. Depuis
cette année de malédiction la France a-t-elle
senti le besoin de Dieu, une seule heure?
Jamais, pourtant, il n'avait été si absent,
ou, si on préfère, jamais il ne s'était tant
caché.

D'abord il avait paru se cacher sous l'espèce ou apparence de Napoléon que tant de
millions d'hommes avalèrent, comme un via-
tique avant la mort! Quand Napoléon
s'éteignit dans l'ostensoir, comment dire ce

qu'on adora ? Car il faut avoir vu un peuple
athée pour savoir ce que c'est qu'un peuple
affamé d'adoration.

Alors les faces les moins divines et jusqu'aux plus bélîtres fantômes — si cette
famine les a élus — reçoivent de l'impéris-
sable Nature des Choses la prérogative, à
faire trembler, d'être — en une sorte et pour
un ou plusieurs instants, — les recéleurs de
la Substance ! Si on demande au fond de
quels puits l'incognito du Seigneur est descendu, ne suffit-il pas de regarder nos grands
hommes de la fin du siècle ?

Il est certain, cependant, que les plus
proches de la Foudre et ses plus cousins
germains sont, indiscutablement et toujours,
tels ou tels d'entre les plus pauvres, parmi
ceux que le Monde est las de vomir et qui
sont tombés au-dessous de l'ignominie.

Comment donc se pourrait-il qu'un homme
eût été autant choisi que le Fils de Louis XVI,
pour promener, sur tous les chemins de
l'Europe, le Dieu absent, le Dieu invisible,

mais, tout de même, l'Unique dont l'haleine
remue la poussière de la Voie lactée?

Je crois bien qu'en effet, le douloureux
Prince ne fut pas moins que Napoléon même
une symbolique et préfigurative *apparence*
du Dieu contumace, avec plus de profondeur
et, par conséquent, d'une manière encore
plus terrible...

Mais quelle folie furieuse d'essayer de
faire comprendre aux contemporains qu'aussi
longtemps que Dieu n'aura pas été aboli par
un décret sans retour, il faudra, de toute
nécessité, qu'absent de leur cœur et de leur
pensée, il soit néanmoins au milieu d'eux!...
Au milieu d'eux! *sous une forme humaine!*...

Ah! depuis des années, je ne sors pas de
cette pensée: Dieu absent et le Roi de France
absent et, *parmi nous*, ces deux Absences
que la panique amalgame... parmi nous les
lâches, les vaincus, les rénégats, les prosti-
tués, les pourris, les puants, les déments,...
les PRÉDESTINÉS! — comme si le Créateur
des mondes et son Lieutenant sur terre,

après tant de siècles d'une complicité magni-
fique, ne pouvaient plus faire qu'Un pour les
imaginations ou pour les consciences chré-
tiennes !

J'ai nommé Napoléon. Pourquoi ne pas
déclarer immédiatement que je ne sais rien
de ce Personnage qui parut être l'Empereur
de tout l'Occident et qui eut l'air de commander, dix ans, à cinquante millions
d'hommes ?

On a tout écrit de lui, excepté, je crois,
ceci que *personne n'a jamais pu savoir son
nom*. Il faut qu'il soit bien caché, ce Nom
redoutable !...

Mais, encore une fois, Dieu est absent.
Je sais cela. Je le sais d'une manière
effrayante, je le sais à en mourir et je sais
aussi que certains hommes furent désignés
pour offrir au monde son Image.

Il fut dit à la Bienheureuse Visitandine

que tous les lieux où l'image du Cœur de
Jésus serait honorée auraient droit à un·
bénédiction très-particulière, et — Dieu me
pardonne l'audace de cette pensée ! — il me
semble que Napoléon a été une ressemblance
du Cœur impérial, que dis-je ? la plus claire
et la plus unique image du Cœur infiniment
fort de Notre Seigneur Jésus-Christ.

Et la France où l'effigie du grand Empereur pendait aux murs, fut incomparablement
bénie. Elle eut beau se baigner dans les
ordures et souffleter, pendant deux ou trois
générations, la Trinité adorable ; aussi longtemps que cette image de l'Image y fut
honorée, rien ne prévalut contre elle, pas
même sa propre infamie, pas même le Prussien vainqueur !...

Il fallut l'opprobre inouï, la culbute, sans
aucun nom, de l'Effigie (1). Alors, oh ! alors,
tout se déchaîna.

Ne fallait il pas que ce Protecteur fût

(1) 16 mai 1871.

anonyme, incompréhensiblement, prodigieusement anonyme? On assure qu'il est né d'un accouplement humain dans une encognure de la Méditerrannée. Je le veux bien, moi, j'y consens de tout mon cœur, je déclare même que cela m'est infiniment égal. Il me suffit de savoir qu'il fut le Rétiaire d'un filet immense où devait se prendre le monde et qu'il put ainsi ressembler tellement à Dieu que les peuples s'y trompèrent.

On croit avoir appris dans des livres comment est tombé Napoléon. Qui pourrait dire comment il monta, par quel escalier de l'abîme s'éleva ce Lucifer? On a supposé des habiletés, des crimes, des complicités affreuses, des prostitutions. Sources probables d'une fortune extraordinaire, à laquelle rien ne s'égale. Mais tout cela appartient à la conjecture humaine et pourrait être conté de n'importe quel aventurier de l'histoire.

Il s'agit ici d'un aventurier de la Prescience inscrutable, d'un allant et venant du Secret de Dieu. L'être plus qu'étrange appelé Napoléon ne put jamais faire un geste sans trahir inconsciemment les Trois Personnes invisibles.

Il gagna des batailles comme nul capitaine avant lui, n'en avait gagné. Il fut beaucoup plus le Maître du monde que les Empereurs romains ou les Rois d'Asie, et il fut aussi beaucoup plus Dieu que les tout-puissants qui exigeaient qu'on les adorât. Ce monde vaincu, ébloui, stupéfait, il le découpa comme il lui plut, le distribuant à ses frères et à quelques-uns de ses grands fauves. Un jour, il eut l'audace de jeter son filet sur le Pêcheur même, capturant celui que Dieu a désigné, depuis tant de siècles, pour capturer tous les hommes. Enfin, après avoir dévoré quelques millions d'êtres configurés au Très-Haut; après avoir descendu, en faisant sonner la terre, cet escalier d'Atlas dont les degrés se nomment l'Espagne, le Portugal, Moscou, Leipsick, Fontainebleau, l'île d'Elbe, Waterloo; il alla tomber dans l'Océan avec tant de fracas et d'une manière si formidable que l'Angleterre put craindre d'être submergée du bouleversement des flots.

Oui, le siècle a vu tout cela et c'était si beau qu'après trois générations, au milieu même du cloaque de la quatrième république soi-disant française, il se trouve encore des cœurs pour en palpiter. Mais le Passant colossal, tout de même, n'a pas dit son nom.

On sait que les vieux de la Grande Armée crurent toute leur vie à quelque chose de surnaturel qui flottait autour de leur Empereur. Le destin plus qu'étonnant de ce chef dut être, en effet, pour ces simples gens sans Dieu le miracle unique, la Révélation intégrale. Quelle gloire éternelle offrir à des braves qui avaient parcouru le monde, vingt ans, à la suite de Napoléon ? Les pauvres diables ! « ... Ils avaient vaincu toute la terre, — chassé vingt rois, passé les Alpes et le Rhin -- et leur âme chantait dans des clairons d'airain... » Ils crurent que leur chef était plus encore que ce qu'il paraissait être et ils ne se trompèrent pas. Les simples ne savent pas se tromper.

Il y a toujours eu, après comme avant le Christianisme, un grand Personnage attendu pour tout accomplir. Ce personnage, toujours supposé puissant et invincible, ne pouvait être que Napoléon pour les limpides âmes de ceux qui pensaient que le Règne de Dieu étant arrivé, sa Volonté devait être faite sur la terre aussi bien qu'au ciel et pour qui c'était là toute l'Oraison Dominicale.

Jamais on ne fut plus *homme* que ces soldats, parce que jamais il n'y eut une époque où on ait moins compris ce que l'on faisait et que tel est le signe profond : « Pater, dimitte illis, non enim sciunt quid faciunt ».

L'éducation chrétienne qu'ils se souvenaient vaguement d'avoir reçue de l'autre côté des Décombres, leur servit du moins à choisir l'Erreur qui pouvait donner au genre humain la force d'attendre encore.

Eux les enfants, les héros tous unis n'attendirent pas, n'ayant rien à attendre que la mort sous les yeux, ou non loin des yeux du Monstre adoré, du Paraclet incertain qui les rassasiait de victoires. C'était leurs fins dernières, cela, leur paradis, leur purgatoire et leur enfer.

Assurément, le Maître de ce troupeau ne fut pas seulement un homme ; il fut, dans la direction de l'Absolu, le raccourci d'une ligne d'Etres indispensables à la Troisième Personne de la Trinité pour qu'elle soit prophétisée convenablement...

Le siècle a continué, les générations se sont poussées comme des bêtes au bord d'un torrent, et le Désiré des désirés, Celui dont Louis XVII a été la plus obscure et Napoléon la plus éclatante Image, ne se montre pas.

IV

LE GOUFFRE

...in novissimis abyssi deam-
bulasti ?.

Job, XXXVIII, 16.

Abyssum & Cor...
Ecclésiastique, XLII, 18

Il y eut un roi de France effroyable qui avait la peau froide et qui se mettait entre les draps en plein jour, a dit Saint-Simon. Sa situation en Europe et dans l'histoire fut incomparable et on le nomma Louis le Grand.

Ce Fils Aîné de l'Eglise qui voulut et crut la servir, en balayant — trop tard — l'ordure protestante, acheva tout de même, l'œuvre d'avilissement et de destruction que son gascon d'aïeul avait commencée.

En instaurant, avec sa finesse de bouvier de l'Adour, l'Hérésie dans le Royaume Très-Chrétien, Henri IV avait, aux trois quarts, décollé la France, après lui avoir fendu le crâne d'une oreille à l'autre et depuis le sommet de la tête jusqu'aux vertèbres. Il ne restait plus qu'à lui arracher le cœur pour le donner aux cochons et c'est ce qui fut accompli par Louis XIV, dans la *légitimation* de ses bâtards, — plaie la plus mortelle qu'on ait jamais faite à une société chrétienne et sputation la plus monstrueuse que la Face adorable ait endurée.

Après cela, quelques carcasses de Bourbons à enjamber et voici la Révolution.

Eh! bien, c'est précisément à Louis XIV que la visionnaire de Paray-le-Monial eut le commandement de parler : « Fais savoir au Fils aîné... que mon Cœur veut triompher du sien... qu'il veut régner dans son palais, être peint sur ses étendards et gravé dans ses armes... »

Inutile d'ajouter que cette *prière* fut méprisée... combien méprisée ! qui pourrait le dire ? L'inattention royale y tomba de dix mille pieds, comme le givre balayé d'un balcon du ciel par le vent qui souffle sur l'Himalaya.

Cela se passait en 1689, date singulière.

... Ses armes !... ses étendards !... son

palais!... On sait la lin de cette grandeur, même du vivant du potentat.

Cinquante ou soixante ans plus tard, le Dauphin, père de Louis XVI, demanda et obtint qu'un autel fût dédié au Sacré-Cœur, en la chapelle royale de Versailles, à quelques pas des fornications de Louis XV, le Bien-aimé. Dans les premiers mois de 1792, Louis XVI prisonnier aux Tuileries, fit vœu, s'il recouvrait la liberté et sa puissance royale, de consacrer sa personne, sa famille et son royaume au Cœur de Jésus. On sait ce que valent ordinairement de tels vœux. Enfin, les Vendéens et les Chouans arborèrent à leurs chapeaux et sur leurs poitrines, l'image du Sacré-Cœur. Et ce fut tout.

Les impotentes canailles qui virent s'affaler sur le trône de France, après l'Empire, ignorèrent cela très-profondément. Parricides, fratricides, empoisonneurs, calomniateurs, voleurs et usurpateurs, qu'avaient-ils affaire du Cœur du Sauveur, ces hypocrites monstrueux et impitoyables?

La Victime elle-même, le prodigieux et inimaginable Souffrant Louis XVII, étant à peine un chrétien, n'y pensa guère. Il fallait arriver à notre époque.

Le 25 décembre 1883, Charles XI, fils de Louis XVII et roi de France, *in partibus latronum*, consacra, aussi solennellement que les circonstances le permirent, sa personne, sa famille, et le Royaume de France au Cœur de Jésus, consécration renouvelée en la Basilique de Montmartre, le 28 juin 1889.

Cet acte, ces noms et ces dates sont connus de deux personnes, environ, par chaque million de français. On est prié d'y faire attention.

Ainsi donc, strictement à l'échéance de deux cents ans, l'héritier direct. — quoique

tout à fait obscur et nourri par charité, —
de Louis XVI, accomplissait, en présence
de sa famille et de deux ou trois témoins, le
commandement du Cœur de Dieu à l'éblouis-
sant trisaïeul de son grand père. L'obéis-
sauce, *alors*, eût été le salut de l'Occident.
Que cet acte soit venu trop tard ou qu'il ne
soit pas venu trop tard, Dieu le sait; mais
c'est un pauvre qui l'a accompli, un pauvre
même de son NOM, lequel faisait, autrefois,
trembler la terre.

Quelqu'un peut-il se représenter cela dont
pleurent les morts qui « écrivent le Nom de
Dieu *sous* la pierre de leur tombeau »?... (1)
Ce n'est rien de dire qu'un homme est pauvre, qu'il est inconnu, qu'il est seul ou
presque seul. C'est le partage des innom-
brables. Mais savoir qu'autrefois, dans un
ancêtre, on a pu manger trente millions
d'hommes; savoir cela comme un démon fa-
mélique se souvient qu'il y a des tables dans

(1) VICTOR HUGO. *Contemplations.*

le ciel! Et, en même temps, savoir que cette connaissance indubitable est une dérision, un châtiment!

Supposons une chambre très-solitaire, aussi loin que possible des oreilles humaines. Eh! bien, essayez de prononcer seulement ces mots : *Charles XI, fils de Louis XVII, roi de France*. Essayez un peu et dites si le sentiment du RIDICULE ne vous étrangle pas, à la quatrième syllabe. Vous aurez beau avoir tout lu, tout appris de cette effrayante histoire. Vous aurez beau être sûr dix mille fois qu'il en est ainsi, tout de même vous n'en reviendrez pas, vous n'échapperez pas à l'impression d'un ridicule inintelligible et paradoxal, inhérent, par un prodige de déraison, à la plus tragique des aventures. Misère tellement inouïe qu'on peut à peine la concevoir.

Voici donc un pauvre, je le répète, un

vrai pauvre qui mourrait, si on ne lui donnait
pas un morceau de pain chaque jour. Ce serait énorme déjà que le misérable eût quelque chose à dire à Dieu, car la prière du
pauvre, c'est le cri des lieux profonds... Or,
il n'a pas seulement quelque chose à dire,
il est Celui qui a quelque chose à dire. Il est
le seul, l'unique, le très-singulier et très-
précieux homme qui ait le droit de *donner*
la France. Louis XIII, autrefois, l'avait
offerte à Marie ; son affreux fils tout-puissant
la refusa au Cœur de Jésus qui la lui demandait, et c'est au guenilleux enfant de leur
lamentable arrière-petit fils, qu'il appartenait
de la donner de ses mains vides.

Ah ! je sais qu'on peut dire que la Race
des Bourbons est rejetée. Il y a tant de
signes et je l'ai dit moi-même, combien de
fois ! Mais « la vocation de Dieu est sans
repentance », comme il est écrit, et je vois
très-bien cet indigent faisant largesse de ce
qu'il n'a pas, en réparation de ce qu'il refusa,
si longtemps avant que de naître, dans les

personnes inaccessibles et comblées. de ses grands Aïeux.

Donner ce qu'on a, c'est au pouvoir du premier venu que. la menace de la mort fait crever de peur et qui devint riche en traînant à l'abattoir les membres de Jésus-Christ. Mais donner ce qu'on n'a pas et le donner efficacement! Etre, — encore une fois, — un pauvre, et quel pauvre! N'avoir pas même le Patronymique éternisé par trente. monarques et qu'on n'eut pas la permission de ramasser dans la boue de la guillotine! Avec cela, être forcé de faire figure de Roi de France!

Rejeté peut-être, rejeté même: certainement, mais alors. roi de France rejeté et, par conséquent Roi de France toujours, en cette manière, fût-ce dans les loques les plus vermineuses, fût-ce au fond du. puits de l'abyme du Silence Humain!

Donc, le très-humble personnage qui avait le: droit strict. de se nommer Charles. XI et de qui les plus rechignées Altesses: eussent

dû être fières de tirer les bottes, si maîtres
et domestiques étaient à leur place; le
modeste fils de l'horloger prussien Charles-
Guillaume Naundorff consacra indéfaisable-
ment, pour le temps et l'éternité, la France
apostate, rénégate, impénitente, et désormais
idiote et salope, au Cœur de Celui qui sauve
le monde, et je défie qu'on imagine une chose
plus belle. Il faudrait la simplicité des Anges
pour dire — faiblement — ce qui a pu se
passer.

28 juin 1889. Voici les paroles du Roi
Pauvre :

« — O mon adorable Maître, puisque
vous avez eu l'extrême bonté d'indiquer vos
volontés saintes à mon aïeul Louis XIV,
je prends aujourd'hui l'engagement de les
exécuter toutes, le jour où votre infinie
miséricorde m'aura rendu la puissance politique et le rang social de mes ancêtres.

Mais, en attendant, je vous promets, ô divin
Cœur de Jésus, de maintenir toujours votre
Image sacrée dans les armes et la bannière
de ma famille. Je vous promets, en tant que
simple fidèle, un constant hommage d'amour
et d'adoration; en tant que roi de droit, sinon
de fait, de la fille aînée de votre Eglise, un
hommage lige de particulière soumission et
dépendance. Comme roi légitime de cette
catholique nation, je jure d'honorer en vous
le Roi des rois et d'être fier de saluer toujours en vous le seul vrai Roi de France
dont je ne veux être que l'humble lieutenant.
Je vous promets, ô divin Cœur de Jésus, de
posséder toujours sous mon toit votre Image
sacrée, de l'y mettre à une place d'honneur
et de l'y vénérer chaque jour. Je vous promets d'élever un jour, dans le palais de mes
pères, une chapelle consacrée à votre divin
Cœur et d'y venir souvent, à la tête de ma
cour et des principaux officiers de ma couronne, m'y reconnaître votre vassal. Je vous
promets de consacrer, immédiatement après

mon sacre, à votre Cœur sacré, ma personne, ma famille et mon royaume. »

Le déshérité qui parlait ainsi vient de mourir, à peu près dix ans plus tard, sans avoir
vu s'augmenter de trois unités le nombre
infiniment dérisoire, je ne dis pas de ses
fidèles, mais de ceux qui *savaient* son existence.

Voici maintenant la Réponse telle qu'il
est permis à un chrétien de la présumer :

— Je suis Celui qui meurt d'amour. Tu
veux me donner la France, pauvre homme,
la France que tu appelles ton royaume et qui
est l'image de celui des Cieux. Au temps de
ma Passion, le Coq fut choisi et il l'est toujours. Dieu ne peut pas se passer de la
France...

C'est vrai que tu es pour elle une ombre
peu distincte, à peine un grain de la poussière de ses anciens rois. C'est bien vrai

aussi que j'ai rejeté ceux-là pour m'avoir trop
offensé. Je leur ai arraché des dents mon
peuple aux trois quarts mangé et ce qui restait, je l'ai confié à des pourceaux très-dili-
gents qui feront exactement ce que je leur
permettrai de faire. Cependant tu es si
pauvre que mon Cœur veut bien recevoir de
toi ce royaume.

Seulement, il est nécessaire de t'avertir.
Une de mes épouses, considérant le Gouffre
des Douleurs inimaginables qu'est ma très-
sainte Humanité, ne trouva d'autre nom à
me donner que celui *d'enfer*. « Marie, votre
fils est un enfer. » (1)

Cette fille vit en moi l'enfer et mon Cœur,
nécessairement, lui parut le cœur de l'enfer.
Peu de saintes ont été favorisées d'une vue
si spéciale de ma fournaise. Veux-tu que la
France y soit engloutie? Veux-tu que je
la dévore? J'en ai faim et soif, dès l'éternité,
et, ma servante l'a dit, cette faim et cette
soif, c'est comme en enfer!...

1. Vie de la B. Baptiste Varani. *Bollandistes*.

V

DEUX TÉMOINS

> Vos testes mei, dicit Dominus.
>
> *Isaïe*, XLIII, 10.

On n'attend pas que j'écrive la *Vie* de Louis XVII. Ce n'est plus une besogne à faire. Historiquement, MM. Otto Friedrichs et Henri Provins n'ont rien laissé à personne.

Vous n'avez jamais lu ces noms ? Tant pis et tant mieux. C'est le mystère douloureux de certains noms pleins d'honneur d'être profondément ignorés jusqu'à la minute où ils éclatent.

Otto Friedrichs, l'auteur de Un Crime politique (1) et d'un nombre presque infini d'articles et de brochures sur la question Louis XVII, est, assurément, l'un des hommes les plus singuliers de ce dernier quart de siècle. Tout ce qu'il peut avoir de

1. Bruxelles, Tilmont, 1884.

force, d'énergie spirituelle et corporelle;
toutes ses ressources, de quelque genre
qu'elles soient ; toutes ses facultés affectives
et toutes ses puissances morales vont à un
unique objet. Toute sa théologie, toute sa
philosophie, toute son esthétique, c'est la
question Louis XVII. Il y a bien vingt ans
que cela dure, et c'est toujours la même
passion jeune, le même enthousiasme d'adolescent, la même flamme droite que rien ne
peut courber ni éteindre.

Louis XVII n'est pas mort au Temple,
c'est certain. Voilà donc un homme qui ne
dormira plus. D'autres, même parmi les
généreux, ont accepté. Celui-ci n'acceptera
pas. Sa vie entière se passera sur les routes
ou dans les archives de l'Europe, et le mono-
tone Démon qui préside à la Curiosité des
Savants ne connaîtra plus que lui, ne retour-
nera plus que lui sur ses grils de glace. S'il
existe, au fond d'un puits, quelque crapaud
qui puisse être consulté profitablement, il y
descendra, et s'il entend dire qu'une tem-

pète a dû balayer un document de quelque
intérêt sur la plus haute cime, il entrepren-
dra de l'escalader.

Pourquoi ? Mon Dieu ! c'est très-simple.
Parce qu'ayant reçu cette vocation, il est
dans son âme de chercher cette justice.
D'autres qui doivent tout ce qu'ils ont et
tout ce qu'ils sont aux Ancêtres du Roi
Pauvre, cherchent des ordures... *Quemque
voluptas.* Otto Friedrichs ne doit rien à
aucun Bourbon, ni personnellement ni par
ses auteurs. Je crois plutôt que ceux-là,
étant hérétiques, n'auraient eu raisonnable-
ment à en espérer que le bagne ou l'égorgement — ce qui, d'ailleurs, eût été con-
forme à la plus stricte équité. Allemands, au
surplus, et, sans doute, peu amis de la
France, ils durent être, on en conviendra,
aussi mal couchés que possible pour engendrer un fanatique de la Royauté des Lys.

L'auteur de *Un Crime politique* est surtout un critique d'histoire au service d'une certitude historique. Et il l'est avec une acuité, une force de pénétration, un flair sur la piste, une constance indienne que rien ne surpasse. La ténacité de cet homme, sa fidélité, son application, sa rectitude, ressemblent aux vertus des anachorètes.

Combien il serait à désirer qu'un grand éditeur publiât enfin son *Histoire* complète de Louis XVII, œuvre de tant d'années de recherches et qu'attendent avec impatience les esprits curieux de *l'envers* des évènements contemporains ! Nul doute que ce livre ne fît apparaître en lui les facultés d'un historien d'ordre supérieur.

Quel autre, plus utilement pourrait être interrogé sur les points jugés obscurs ? Sa conversation et ses écrits, d'une lumière si précise, toujours si exactement, si rigoureusement délimitée, reproduisent à leur manière, l'étonnant et tout à fait unique musée qu'il montre à ses visiteurs, musée exclusi-

vement *Louis dix-septiste* où sont réunies
et, parfois, bien étrangement rapprochées,
les reliques les plus lamentables. Je n'en ai
pas fait le catalogue. Le cœur m'aurait trop
manqué... Je me rappelle des choses d'enfant, du petit enfant malheureux, puis...
l'Histoire, la Politique, la Raison d'Etat
marchant dessus, tout un siècle, avec leurs
majuscules en sabots, crottées de bran et de
sang. Ah! toutes les guillotines, plutôt!

Friedrichs a publié, l'année dernière, sous
ce titre simple : LA QUESTION LOUIS XVII (1)
une masse de documents inédits pour la
plupart, dont quelques-uns, très-considéra-
bles, ont été déterrés par lui aux Archives

---

1. *La Question Louis XVII*. Etude historique publiée
sous la direction de M. Otto Friedrichs. Et avec la colla-
boration de MM. Jules Bois, Jean Carrère, Albert Cuillé.
Otto Friedrichs, C. Lenotre, Georges Maurevert,
Osmond, Paul Redonnel, Henri Provins et Romanèy.
36 illustrations comprenant des reproductions de gra-
vures du temps, des médailles et des portraits, un
en tête par Emil Causé, un frontispice : *Le Duc de Normandie* et une *lettre autographe de Naundorff.* 'Paris,
Société anonyme « La Plume », 1900.

secrètes de Berlin. Ce travail extrêmement
curieux a été l'effort d'une magnanime pa-
trouille d'écrivains qu'il sut intéresser à son
œuvre et grouper autour de lui, en se réser-
vant la plus lourde tâche. Le chapitre XV
traitant de « l'identité morale de Naundorff
avec Louis XVII » est un morceau capital
entièrement dû à Friedrichs et que nul autre
que lui n'eût été capable d'exécuter.

On y trouvera beaucoup de lettres ou frag-
ments de lettres du prince à sa femme et à
ses enfants qui font assez voir son âme. On
peut penser ce qu'on voudra des idées qu'il
exprime ou de la manière dont il les exprime,
mais quelle lumière sur le personnage ! En
attendant l'édition intégrale que nous pré-
pare Friedrichs de cette correspondance
extraordinaire, il faut conseiller la lecture de
tels extraits à tous ceux qui vibrent géné-
reusement à l'incomparable Drame.

J'ai dédié le présent livre à Friedrichs.
Lui-même ne sait pas pourquoi. Un jour, au
commencement de 85, un très-pauvre homme,
avalé depuis par le néant, me donna *Un
Crime politique*. J'ignorais alors cette
histoire. J'ignorais même qu'il pût exister
une telle histoire. C'était à peine si je
connaissais la célèbre plaidoirie de Jules
Favre qui m'avait étonné, sans me réduire.
Ce drame qui ne ressemble à aucun drame,
je le lus donc, par une nuit de mai fort
lugubre, dans un lieu très-solitaire, étant
« assis à l'ombre de la mort » — littéralement.

Toutes les phrases, ici, seraient idiotes,
et, d'ailleurs, j'ai divulgué suffisamment de
mes catastrophes personnelles, au cours de
mon effrayante vie littéraire. Mais comment
ne pas rappeler cette circonstance? Comment
n'être pas obsédé encore, après quinze ans,
du souvenir de cette lecture d'un livre si
amer, entreprise dans un battement de cœur
horrible, dans la plus infernale angoisse, et

soudain, coupée en deux par les mâchoires
contracturées du tétanos?...

Henri Provins est le Tite-Live de la Survivance, l'historien pur. Son DERNIER ROI
LÉGITIME DE FRANCE (1) est et restera un
témoignage invincible. Je ne vois aucun
moyen d'être moins étonné de ce personnage que du précédent. J'ai rencontré son
livre très-tard, connaissant déjà passable-
ment Louis XVII, ayant même déploré, plus
d'une fois, que cet être, extraordinaire
parmi les extraordinaires, n'eût pas trouvé
un historien proprement dit, un historien
formel, absolu.

On peut comprendre mes sentiments à la
lecture du *Dernier Roi*. Un travail énorme,
gigantesque, est supposé par ces deux volu-
mes qui ne représentent pas moins de trente

(1) Paris, Ollendorff, 1889.

mille lignes documentées jusqu'aux filaments des radicelles, et par le moyen de quoi la prétendue fable de l'Évasion du Temple, talonnée de ses conséquences paniques, est mise, enfin, de plain-pied avec les plus indéniables évènements. Cela d'une main tranquille, d'une main douce qui assouplit les bêtes de bronze.

Et voilà que, maintenant, c'est pour toujours. Il n'y a plus moyen de continuer la scélérate légende. Il faudrait trop avouer qu'on est un ignorant, qu'on est un sot on qu'on est un domestique. Mais est-ce possible, cela, ô Seigneur! après cent ans? Pourquoi pas? Cent ans, c'est l'extrême jeunesse pour un mensonge historique. Or ce mensonge-ci semble avoir été frappé en pleine poitrine.

Que pouvais-je croire, sinon que l'auteur était ce que l'on appelle assez insolemment un *professionnel,* un familier des bibliothèques et des archives, un des ces hommes pleins de poussière accoutumés à battre les

tapis des siècles dans l'antichambre des aca-
démies? Celui-là me paraissait seulement
avoir fait un choix assez héroïque et c'était
déjà plus qu'il ne fallait pour l'enthousiasme.

J'appris, alors, qu'Henri Provins est un
homme d'affaires, d'affaires aussi vastes
qu'il vous plaira, mais, tout de même,
d'affaires. Cela me confondit, me parut,
d'abord, incompréhensible tout à fait. Comment un personnage forcé de veiller, jour et
nuit, aux intérêts de diverses compagnies
industrielles dont il est administrateur,
avait-il pu accomplir, en outre, une pareille
tâche, — si étrangère, si intruse dans ses
préoccupations! — qui confisque ordinairement toutes les facultés d'un savant et
toutes les minutes de sa vie? c'était stupéfiant.

Oui, mais ne serait-ce pas, en même
temps, très-simple, comme la plupart des
choses qui étonnent? Henri Provins a exigé
que ses aptitudes spéciales et son expé-
rience des affaires fussent au service d'une
œuvre que sa conscience lui disait devoir

être faite. La différence n'est pas si grande, après tout. La politique est un marché connue les autres, où les hommes sont pénétrables du côté de leur intérêt.

Avant nos derniers trente ans de république, dont l'histoire pourrait être écrite par un clerc d'huissier, il n'y a, sans doute, jamais eu d'époque où la cupidité humaine ait été aussi complètement démusclée que pendant les vingt-cinq ans de cohue rouge et de pêle-mêle qui s'écoulèrent de 1789 à la fratricide réconciliation de 1815. Qu'un observateur habitué, n'importe comment, à compter les pulsations des âmes dans le sens de leurs convoitises, ait réussi, mieux qu'un autre, à faire la part de chaque scélérat dans un crime dont tous les puissants de l'Europe, à peu près sans exception, furent les complices, quoi de plus naturel, en somme, et qui doive moins surprendre la raison ?

Tout ce qui n'est pas le gouffre du Génie peut être comblé par le courage et la volonté. Dans le cas d'Henri Provins, j'irais jusqu'à dire que l'exubérance de ces deux vertus est une occasion d'éblouissement.

Il en est une troisième qui explique tout ce qui pourrait encore avoir besoin d'être expliqué. C'est la merveille d'une bonté presque impossible à concevoir dans le tourbillon des affaires, laquelle incline vers le pauvre cet homme toujours si pressé, toujours lancé comme un projectile. Je l'ai vu, moi, et de cela je rendrai témoignage au Jour des jours ; j'ai vu ce puissant, cet important selon le monde, quitter tout, lâcher les millions et les millionnaires, sauter dans une voiture et s'en aller loin, dans une banlieue triste, pour serrer la main d'un artiste pauvre et abandonné...

C'est comme cela qu'il est devenu l'historien de la Survivance. Si Louis XVII-Nanndorff ou Naundorff-Louis XVII avait laissé de grandes richesses, il n'aurait pas eu be-

soin de cet historien ni d'aucun autre. Les
riches ne sont pas intéressants, mais quand
ils sont princes, la malédiction et le dégoût
les accompagnent.

« Oui, encore une fois, Naundorff était le
fils de Louis XVI. Ses descendants, indépen-
damment des princes de la Maison d'Anjou,
restent les seuls, les vrais représentants de
cette dynastie qui, pendant près de mille
ans, fut le principal instrument de la grandeur de la France. Ils vivent méconnus, ca-
chant leurs douleurs, leurs misères et leur
résignation, dans une petite ville de la libre
monarchie des Pays-Bas. Le souvenir des
cruelles souffrances du passé vient seul
pour eux faire diversion à l'amertume et
aux tristesses du présent. Leur père n'était
sorti de sa prison que pour souffrir cinquante années durant, d'une vie misérable
et désolée, terminée par huit jours d'une
épouvantable agonie, due sans doute à un
poison mortel. Et la destinée ne s'est
point lassée ; elle poursuit les enfants

avec un acharnement implacable. Les fils
ou les partisans de ceux qui ont aidé au
dépouillement du dernier roi légitime de
France, au vol de son nom, à la méconnaissance de ses droits, déversent sur eux
l'outrage, la calomnie et le mépris (1).... »

Voilà ce qu'il aime, ce qu'il épouse, Henri
Provins, telle est sa passion ruineuse. Que
Dieu le bénisse et le glorifie pour cette cha-
rité, puisqu'aucun homme ne le peut faire.

Maintenant, j'ai parlé aussi bien que j'ai
pu des deux seuls contemporains ayant véri-
tablement *écrit* sur Louis XVII, — après
Villiers de l'Isle-Adam (2). Que ceux qui
aiment la Vérité et la Justice les interrogent.
Pour moi, j'ai assez à faire de me tenir devant la plus douloureuse de toutes les images
humaines et, en la regardant, de crier et de
sangloter d'horreur.

(1) HENRI PROVINS, préface du *Dernier Roi légitime de
France*, p. LXVIII.
(2) *Le Droit du Passé*, dans le volume de nouvelles in-
titulé : *L'Amour suprême*. Paris, Brunhoff, 1886.

VI

ʹL'ÉPAVE

> Ubicumque fuerit corpus,
> illic congregabuntur & aqui-
> læ.
>
> *Saint Matthieu*, xxiv, 28.

Louis XVII naquit à Versailles, le 27 mars 1785, pour le désespoir de son bon oncle, le comte de Provence, empoisonneur déjà, très-probablement, du duc de Bourgogne, premier Dauphin, et qui ne pouvait, sans un trop visible danger, recommencer sur le nouvel héritier du trône les mêmes pratiques avunculaires d'élimination. L'étonnant cochon qui devint, trente ans plus tard, Louis XVIII, dut se contenter, en grognant dans ses ordures, de préparer, par les pires calomnies et les plus criminelles intrigues, la destruction de sa parenté.

Le pauvre être désigné pour l'expiation des infamies d'une race et de tout un monde, vécut donc, par l'unique miracle de la volonté de Dieu, d'abord à Versailles, dans le

voisinage de ce démon, puis aux Tuileries,
jusqu'au 10 août 1792.

Les grandes parties de plaisir qui agré-
mentèrent assez son enfance pour qu'il s'en
souvînt jusqu'à la mort, furent, sans doute,
la promenade célèbre du 6 octobre et le retour non moins fameux de Varennes où on
avançait, en grande pompe républicaine, au
milieu des têtes coupées et des hurlements
de mort.

Puis, ce qu'on nomme l'âge de discrétion
étant venu, la prison immédiatement lui fut
offerte. S'il n'y mourut pas, comme tant
d'honnêtes cœurs le désirent encore aujour-
d'hui, la faute, on peut bien le dire, n'en est
à personne.

Enfin, l'évasion et la liberté! On est en
95. La France gouvernée par cinq malfai-
teurs, est libre de plus en plus, cela va sans
dire, et le Dauphin de France, âgé de dix
ans, est libre aussi. Tout le monde est libre,
excepté Dieu qui n'a même pas le droit
d'exister.

On traîne çà et là ce douloureux et triste orphelin sans état civil, sans nom, sans patrie, sans ange gardien, on serait tenté de le croire; de qui l'existence donne la mort indistinctement à tous ceux qui ne veulent pas être ses persécuteurs. Arrivé là, tout ce que je pourrais écrire de moi-même, de mon propre fonds, ne serait que littérature.

Le moment est inouï, unique dans l'histoire, absolument. Il faut y faire attention, si on veut comprendre quoi que ce soit à cette aventure sans analogue parmi toutes les aventures.

Il s'agit d'un très-jeune prince, d'un enfant de dix ans, héritier incontestable de la plus majestueuse lignée de rois qu'il y eut jamais. On lui a tué son père et sa mère, après les avoir jetés en bas. Une intrigue bizarre et compliquée a procuré son évasion. Jusque-là, ce n'est que tragique — et banal.

Les rois sont faits pour être coupés en deux morceaux, de temps en temps, et leurs orphelins reparaissent volontiers avec des cataplasmes ou des canons pour reprendre la farce antique de paître les peuples. Mais voyez la suite.

Ce survivant, contre toute espérance et vraisemblance, ne trouve pas un appui. Voilà qui est tout à fait nouveau. Certes, il suffirait qu'un souverain, le moindre de l'Europe, eût le courage de le reconnaître ouvertement, de le protéger à ses risques et périls. Tout serait dit et la face du monde changée. Or c'est précisément ce qui n'arrive pas. Au seul Henri Provins revient l'honneur d'avoir élucidé ce point obscur et je ne peux mieux faire que de le suivre (1).

Pour commencer, aucune justice, aucune

(1) La dissertation remarquable dont j'offre ici le résumé a été publiée, en 1894, par la *Gazette de Lausanne*.

protection, aucune tutelle à espérer des pouvoirs publics, cela s'entend. La situation du
Dauphin était celle d'un évadé et elle le fut
toujours.

Il y a un drame de Villiers de l'Isle-Adam
qui se nomme *L'Évadé*. C'est l'histoire
cruellement simple d'un bandit qui, ayant
accompli je ne sais quel massacre, est condamné à fuir sans relâche, moins éperonné
par la peur des gendarmes que par le tour-
ment effroyable de son remords, jusqu'à la
minute où se voyant pris, ce cri s'échappe
des profondeurs de son âme : « Je suis
évadé ! »

L'innocent fils de Louis XVI, chargé, par
un inscrutable décret, des abominations
d'une multitude, ne s'évada réellement qu'à
l'heure de sa mort, et toute sa vie, la plus
intolérable des vies, dut être dans l'espérance de cette évasion finale et certaine que
valut à chacun de nous le premier péché ; —
mais, jusqu'au bout, quoi qu'il pût faire, il
parut un captif échappé à ses argousins.

Assurément il est toujours sot de compter sur la justice des hommes, c'est même ce qu'il y a de plus sot et le comble de l'idiotie est indubitablement de faire quelque état des lois. Mais, dans le cas unique et quasi-surnaturel de l'enfant roi, il ne pouvait jamais être question, quelles que fussent les vicissitudes politiques, d'un recours à n'importe quelle autorité française.

Des thermidoriens, tels que Barras, avaient bien pu machiner sa sortie du Temple, laquelle ne coûta pas moins de HUIT vies, *pour commencer*, mais à condition qu'elle leur profitât. De savoir comment, par exemple, c'était l'énigme de tous les démons.

De 1795 au 18 brumaire, il paraît qu'on ne trouva pas à utiliser le malheureux garçon qui devenait un homme lamentable. Ensuite il est clair que ce n'était pas pour ressusciter ce mort civil que Bonaparte bondit sur la République, fit assassiner Pichegru, le général de Frotté, le duc d'Enghien et mit sur sa tête la couronne de Charlemagne.

Rien de bon à attendre des royalistes de Vendée. Les incontestables héros de la première guerre, Bonchamps, d'Elbée, Lescure, La Rochejacquelein, Cathelineau, n'avaient jamais pu se concerter durablement. Mais, après la fuite du Temple, les Charette, les Cormatin, les Bourmont, les Stofflet, etc., personnages beaucoup moins épiques, s'entendirent si peu, qu'on les crut, parfois, au moment de se déchirer.

L'histoire de cette racaille orgueilleuse et sans discipline est à écrire, comme presque toutes les histoires. La plupart des chefs, *même parmi ceux de la belle époque*, furent simplement et tout uniment des TRAITRES qui, dès la mort de Louis XVI et peut-être avant, n'avaient agi qu'au nom du comte de Provence, « se plaisant à considérer que son neveu ne sortirait pas vivant du Temple ». Il y a lieu de présumer que l'apparition de celui-ci au milieu de tant de

serviteurs fidèles eût été bientôt suivie de
quelque accident de guerre infiniment déplorable, que nulle sagesse n'aurait pu prévoir
ni empêcher et dont les cœurs sensibles
d'alors ne se fussent jamais consolés.

Même danger, plus immédiat, dans le cas
d'une remise du jeune roi dans les camps du
Rhin. Là sont les domestiques, les vrais, les
Valory, les Montesquiou, les d'Avaray, les
Fleury, les Maisonfort, les Caraman, etc.,
ceux qui vident et qui rincent. L'ignominie de
tous ces drôles est suffisamment historique.

Je vois très-bien Louis XVII au milieu
d'eux. On ne l'aurait peut-être pas abattu
d'un coup de fusil, comme en Vendée. On
l'aurait donné à manger à la vermine, la
consigne eût été certainement de le traiter
en petit *bâtard*, et les valets de chiens eux-
mêmes n'eussent pas osé lui montrer de la
pitié.

Mais j'y pense, il y a le bon oncle, les deux bons oncles. Monsieur est à Coblentz, avec son frère, menant train royal. « La résidence des princes, dit le baron de Goguelat, ressemblait à la cour d'un puissant monarque par l'appareil des gardes, des officiers de toutes armes et des 'nombreux domestiques dont elle était remplie ».

Monsieur ayant mis sa peau à l'abri, dès avant le retour de Varennes, s'est, tout d'abord, déclaré régent, supposant, disant même à qui veut l'entendre que le roi est sans liberté, aux trois quarts imbécile, — ce qui n'est vrai que pour les deux tiers — et, par conséquent, quasi-mort.

En vain Louis XVI lui rappelle-t-il qu'il est, au contraire, toujours libre, au moins de penser et de vouloir, et qu'aucune régence ne s'impose; en vain lui ordonne-t-il de se démettre. Refus d'entendre, refus absolu et systématique d'*écouter*.

Le manifeste du 10 septembre 1791, signé du comte de Provence et du comte d'Artois, tendant à établir l'incapacité de leur maître et à préparer la déchéance, est une sorte de chef-d'œuvre dans le sens de l'hypocrisie fratricide et de la rébellion doucereuse. Les deux frères abominables du roi de France le traitent, *jusqu'à la fin*, comme, plus tard, ils traiteront son fils; comme ils traiteraient Dieu, si Dieu s'opposait *visiblement* à leur sale règne de quelques années, acheté par tant de crimes, tant de mensonges, tant d'ordures et par la réprobation éternelle!... Le compte du pauvre petit eût été promptement réglé.

Maintenant, parlons un peu de l'Angleterre. Voilà, certes! ce qu'on peut appeler une nation généreuse! Nul ne l'ignore. Et désintéressée! Et chevaleresque! Et pas du tout hypocrite ni salope! Vous le savez, ô Seigneur! Si ce n'est pas là que le plus in-

fortuné des princes trouvera un refuge, où
sera-ce ? je le demande.

Mais voici : l'Angleterre a des ennuis,
comme toujours. Puis, il y a M. Pitt qui déclare « n'estimer jamais assez grande l'humiliation de la maison de Bourbon ». Puis,
enfin, il y a les affaires qui sont les affaires,
comme chacun sait...

A la place de Louis XVII, j'aimerais
mieux l'oncle. Un bon coup de couteau me
répugnerait moins que d'être brocanté par
cette vieille judate.

Pourquoi le petit roi n'irait-il pas tout
bonnement chez le pétulant François, neveu
de maman, personnage qualifié de roi de
Bohême et de Hongrie et vulgairement dé-
nommé empereur d'Allemagne ? Tous les
cousins ne se ressemblent peut-être pas. On
ne cesse pas nécessairement d'appartenir à
l'humanité parce qu'on est prince.

Celui-là pourrait au moins le nourrir. Il a

bien soixante millions de revenu et toutes les raisons du monde pour que cet enfant lui soit très-cher.

Seulement, ah! seulement, où il y a de la gêne il n'y a pas de plaisir; tous les chemins mènent à Rome; Paris n'a pas été bâti en un jour; les grandes douleurs sont muettes et il n'y a pas de fumée sans feu. Mais il y a le « sourire mystérieux de la Joconde » et il y a, surtout, la Raison d'Etat qui paraît avoir été la conquête la plus notable de la Maison d'Autriche. lorsque son aigle aux deux têtes noires que doit, un jour, tant déplumer Napoléon, griffa jusqu'au cœur le rugissant Lion de Saint-Marc. C'est trop de parenté encore, trop de sagesse et de gloire pour un enfant.

Rien à faire en Russie. On a un Tsar très-toqué, enfant trouvé sous le trône de Catherine II qui fut, sans comparaison, la plus constante et la plus grandiose putain du monde.

Ce Paul Ier qui sera, tout à l'heure, l'admirateur et l'ami de Bonaparte, recueille et pensionne le comte de Provence, jusqu'au jour où les intrigues scandaleuses de ce scélérat le forceront à l'expulser avec ignominie. Autant vaudrait se réfugier dans un autre.

Et l'Espagne ? Cette fois, on peut le dire, c'est un fier peuple, une nation féroce, oui, mais noble parmi les nobles. Elle est désignée pour procurer la chute de Napoléon, quand l'heure sera venue. Mais elle ne démord pas de ses Angevins qui lui suffisent depuis un siècle et ne s'intéresse guère aux Bourbons de la branche aînée. On va jusqu'à supposer, non sans motifs, que, dès la nouvelle de la prétendue mort du Dauphin, Charles IV aurait espéré le trône de France pour un infant.

Nulle répugnance à s'allier avec les régicides du Directoire ou du Consulat. Rien que

l'espoir de recouvrer Gibraltar par l'humiliation de l'Angleterre eût été assez pour
souder indéfiniment l'Espagne à la fortune
de Napoléon, si ce Polyphème à l'œil crevé,
depuis Tilsitt, n'avait pas entrepris de
l'amalgamer. Au milieu de ces intérêts, quelle
place tiendrait la reconnaissance d'un enfant
frappé de mort civile ?

Et la Suède? Ah ! oui, parlons-en de ces
luthériens enragés qui doivent un jour, se
donner comme du bétail à Bernadotte, le
plus *médiocre*, le plus immoral, le plus
perfide, le plus cyniquement ingrat des
parvenus.

« Parmi les griefs de la noblesse qui vient
de faire assassiner Gustave III, dit Henri
Provins, figurent au premier rang son amour
de la France, son attachement aux Bourbons, l'ardeur avec laquelle il s'est fait le
promoteur de la coalition de 1791. Assurément la vie de Louis XVII eût été encore

moins en sûreté que partout ailleurs dans un
pays où s'exerçaient de pareilles violences ».

Pour ce qui est de la Prusse dont nous
aurons à reparler, ne suffit-il pas, pour le
moment, de rappeler que cette monarchie,
qui n'est pas encore devenue la puissante
dame qu'on sait et qui se borne à tenir des
coupe-gorges sur les grands chemins, a été
la première à signer à Bâle sa paix avec la
République française, allant, pour l'obtenir,
jusqu'à céder la rive gauche du Rhin.

Quant aux États secondaires, la Toscane,
la Sardaigne, la Bavière, par exemple, il
n'est pas à présumer qu'on y trouverait plus
d'héroïsme que dans les grands États.

La vérité, médiocrement pindarique, c'est
que tout le monde a la colique, aussitôt qu'il
est parlé de la France. Peu importe qu'on
soit parent des Bourbons, ce qui est le cas

des deux premiers. On veut d'abord et, avant
tout, la paix avec une nation qui rosse toujours. Cela on le veut furieusement, à quelque
prix que ce soit. Ce n'est pas héroïque, mais
c'est le plus sûr.

Les deux seuls pays où l'enfant errant des
plus puissants rois chrétiens semble avoir
trouvé un précaire asile, furent la Suisse et
les États de l'Église. Il est resté muet sur
cette époque nécessairement mystérieuse de
sa vie. « Il en réservait l'histoire complète
pour le grand jour des débats publics, après
lequel, vingt-cinq ans, il soupira, pour lequel,
tant d'années, il lutta. Lafont d'Aussonne
anticipant sur ses déclarations, a affirmé que
le Pape Pie VI avait, en consistoire secret,
avisé ses cardinaux de la délivrance d'un
enfant sur lequel, dans ces temps troublés,
la papauté fondait les plus grandes espé-
rances et de son séjour dans un coin caché
des provinces pontificales. Est-ce vrai ? Les

archives du Vatican seules, aujourd'hui, pourraient en témoigner ».

Jamais Pie VI ni ses successeurs n'avouèrent cette protection, alors même qu'ils eussent pu le faire sans danger. C'eût été déclarer la survivance, hardiesse au-dessus de tous les courages (1).

Le 8 novembre 1843, dans un bref où l'hérésie de Vintras était condamnée, Grégoire XVI prit cette occasion de parler du Prince, alors âgé de 58 ans, qui avait eu le malheur de tomber dans des erreurs connexes, d'un caractère « exécrable ». Certes, j'en parlerai de ces erreurs qui me puent au nez affreusement et que le Pape ne pouvait pas trop flétrir (2). Mais l'émission d'une fausse doctrine n'a jamais aboli ni invalidé, *ipso*

(1) A la Restauration, on institua un service funèbre annuel pour Louis XVI, Marie-Antoinette et Madame Élisabeth. Le Pape défendit qu'on en fît un pour le Dauphin, et Louis XVIII qui l'avait d'abord ordonné, n'osa pas imposer sa volonté aux Vicaires généraux de Paris, en affirmant le décès de l'enfant-roi.

(2) Voir le XIIIe et dernier chapitre du présent ouvrage.

facto, l'identité, la *personne* du sectaire ou de l'hérésiarque, non plus que le droit naturel qu'il a de porter son nom.

Or le Vicaire de Jésus-Christ s'exprimait ainsi : *Illius perditi hominis qui* FALSO *se Normandiæ ducem jactat* (1). Cette parole dictée, hélas ! par la politique et dont la valetaille des assassins s'est tant prévalue, n'a rien à voir, bien entendu, avec l'Infaillibilité doctrinale du Souverain Pontife, lequel s'en est expliqué avec son Juge, à son lit de mort, il y a plus d'un demi-siècle.

Depuis, silence absolu, insondable, impénétrable. Louis XVII mourut vraisemblablement par le poison, un peu moins de deux ans après ce dernier coup. Il avait enfin trouvé l'Hôte unique, le Roi qui ne tremble devant personne.

---

(1) Je n'ai pas lu le bref. Cette citation est empruntée à Pierre Veuillot (!!!) La source est si impure qu'on a le devoir d'avertir. Mon appréciation, par conséquent, est *conditionnelle.*

VII

LE CAPTIF

> Tu autem & omnes habi-
> tatores domus tuæ, ibitis in
> captivitatem.
>
> *Jérémie*, xx, 6.

Louis XVII est à peine arrivé à l'âge où l'innocence est discernable du crime, et déjà il a fait autant de prison qu'un vieux galérien.

Échappé du Temple, on l'arrête en Vendée. Barras très-exactement instruit et plus puissant que jamais dans le Directoire dont il va devenir président, le fait évader une seconde fois. On le mène en Italie par de bizarres détours, en vue de dépister les espions. Puis, un jour qu'il avait fallu fuir précipitamment sur un bâtiment anglais, ce navire est capturé et le malheureux prince, ramené en France, trahit son identité.

C'est alors qu'il subit, dans une nouvelle prison, le supplice étrange de la défiguration qu'il a raconté et dont l'horreur est difficilement surpassable. Trente ans plus tard, les traces de cette opération subsistaient, mais la victime ne fut pas efficacement, valablement défigurée.

Il aurait fallu la main de Pierre Veuillot, intangible animalcule sorti, on ne sait comment, du rognon peu béni d'Eugène, frère toujours vagissant du journaliste fameux qui mourut déliquescent. « A la place des bourreaux, dit ce Pierre Veuillot, j'aurais simplement *coupé le nez* de la victime. Ce n'eût pas été plus cruel et c'eût été plus sûr ». Il ne dit pas s'il l'aurait mangé.

Délivré de cette caverne, Fouché le repince, juste en même temps que son cousin, le duc d'Enghien qu'il avait tenté de rejoindre, c'est-à-dire en 1804, et le replonge dans un cachot, à Vincennes, pour y rester jusqu'en 1809.

Il a raconté... qu'on l'enferma dans un cul de basse-fosse humide et fort obscur qui ne recevait de jour que par un étroit soupirail placé à une grande hauteur. Il ne pouvait distinguer ses mains qu'en les faisant passer devant ses yeux. Il resta quatre ans dans ce trou sans voir d'autre figure humaine que celle de son gardien qui lui apportait du pain et de l'eau et restait sourd à ses questions. Il était forcé de manger son pain immédiatement, car d'énormes rats ne lui permettaient pas d'en garder pour le repas suivant. Ces affreux animaux non contents de lui disputer sa nourriture, établirent leur nid dans la mauvaise couverture dont il s'enveloppait, l'humidité ayant détruit ses vêtements...

Il avait dix-neuf ans quand il fut ainsi enterré vivant. Quand il sortit, ses yeux étaient déshabitués de la lumière et son intelligence presque éteinte. A peine couvert de lambeaux, ses ongles étaient longs et durs comme des griffes, sa barbe et ses cheveux avaient poussé démesurément...

Il fut encore tiré de cette fosse par la constante Joséphine qui avait fini par obtenir de Fouché le secret de sa séquestration. Napoléon commençait à se lasser d'elle. C'était le moment de se rappeler l'enfant dont elle avait favorisé l'évasion quand elle concubinait avec Barras. Cet enfant avait alors vingt-quatre ans. Quelle enfance ! quelle adolescence ! quel destin !

Quinze ans plus tard, — après quelles péripéties et quelles aventures ! — on l'emprisonne derechef à Brandebourg, *sans aucun prétexte*, pendant trois ans, pour ne rien dire de plusieurs mois de cachot préventif. Je dis « sans aucun prétexte », parce que je ne sais de quel mot me servir. Dans l'important travail signalé plus haut, *La Question Louis XVII*, Otto Friedrichs a établi que le prétendu Naundorff poursuivi d'abord comme incendiaire, puis comme faux-monnayeur, et les deux accusations ayant dû être abandonnées, l'une après

l'autre, à cause de leur absurdité palpable,
on se rabattit à le condamner à trois ans de
prison *pour s'être dit, au cours du procès,*
PRINCE NATIF... Il ne sera jamais donné à
aucun homme d'exprimer convenablement
l'ignominie d'un tel procédé.

La vérité nue, c'est qu'on était en 1824.
Cette date a l'éloquence d'un hurlement de
cannibales sur une charogne. Il est facile
de concevoir l'intérêt de certains personnages à dissiper cet ayant cause au moment où crevait Louis XVIII.

Mais à quoi bon cette dernière mention
d'écrou? L'incarcération véritable du malheureux ne fut pas entre les murailles de telle
ou telle prison. Sa geôle sûre et certaine,
celle qu'il endura de 1810 à 1832 et dont
il resta irrémédiablement déprimé fut le
royaume de Prusse. C'est l'affaire d'un per-
scrutateur subtil et profond, tel que Friedrichs, de débrouiller et de divulguer, un
jour, les causes de ce fait extraordinaire qui
seul explique l'élévation scandaleuse de cet

État avec ses incalculables conséquences.
On verra, alors, si j'en ai trop dit, au commencement, sur le *règne* occulte, mais effectif
de ce vagabond redoutable.

En attendant, j'ose affirmer que jamais tré-
sor ou bête féroce ne fut plus attentivement
gardé que ce captif qui, pendant un quart de
siècle, ne put faire un pas sans que les yeux
de toute la police européenne le fixassent,
sans que les plus fiers monarques eussent
mal au ventre sur leurs trônes, sans que fonc-
tionnassent aussitôt les assassins. Quand on
lui permit de s'échapper, il faut croire qu'on
ne le jugeait plus à craindre, appréciation qui
n'était pas, j'imagine, sans quelque diabolique profondeur.

Non seulement la Survivance était discré-
ditée, à l'avance, par la comédie policière des
faux dauphins, d'une manière qu'on pouvait
croire irréparable, mais surtout, il faut le

reconnaître, *l'instinct royal* paraissait en la personne du vrai titulaire, singulièrement exténué.

Déjà héritier certain, visible, indubitable, des goûts et des sentiments de son infortuné brave homme de père, le manque absolu de toute culture, même inférieure, et le long séjour forcé dans le lieu le plus bas qui soit en Europe, avaient accompli en cet unique Rejeton de la Dynastie des Lys, le monstre de médiocrité que représente un petit bourgeois prussien.

Il a beau nommer la Prusse « un peuple de brigands » (Lettre à sa femme du 28 mai 1834), il en est, hélas! marqué pour toujours. Libre ou non, il sera captif des pensées vulgaires, — éternellement.

Et, comme rien n'arrive sans la permission ou l'ordre de Dieu et que, par conséquent, tout est très-bien, il serait impossible et déraisonnable de voir en cet *honnête homme* un continuateur de François Ier ou de Louis XI plus intéressant ou plus valable

que les scélérats horribles qui l'ont sup-
planté.

Que penser alors, sinon que la Race finis-
sait et que le Seigneur ne voulait plus que
les âmes payées de son Sang fussent gou-
vernées par des Bourbons?

VIII

L'HORLOGER

Nondum venerat HORA ejus.
Saint Jean, VII, 30.

Poursuivons l'exposé de cette misérable et douloureuse existence.

Un jour, en 1810, après des disgrâces et des périls infinis, le duc de Normandie, ayant 25 ans, arrive à Berlin muni d'un passeport au nom de Charles-Guillaume Naundorff, né à Weimar, âgé de 43 ans. Il tient ce passeport de la complaisance plus que bizarre d'un voyageur mystérieux, rencontré comme *par hasard*, qui le lui a donné pour qu'il puisse pénétrer dans la capitale de la Prusse. Passeport évidemment fabriqué par un faussaire, puisqu'il a été démontré que jamais un Naundorff n'avait existé à Weimar.

Tout le bagage du pauvre être est le peu d'allemand que lui a enseigné sa mère à Versailles **ou** aux Tuileries, — son éblouissante

mère, la Reine de France ! — et le souvenir
poignant, dévorant de ces splendeurs.

A l'une des rares époques de calme de son
existence plus qu'agitée, il a eu l'occasion
d'apprendre l'horlogerie. Le *vrai* fils du ser-
rurier Louis XVI vivra donc, s'il peut, de ce
métier qui convient aux âmes assises ; — en
songeant que sa naissance lui donne le droit
de commander à trente millions d'images de
Dieu et de parler avec une familiarité dédai-
gneuse à n'importe quel souverain.

Mais on ne le laisse pas tranquille. Il est
invité par la police à s'expliquer au sujet de
son passeport, et le candide, aussitôt, raconte
son histoire, se dépouillant même, entre les
mains d'un personnage qui semble lui parler
avec bonté, des seules pièces pouvant établir
son identité : une lettre autographe de son
père et une espèce de procès-verbal ou certificat des signes corporels que portait le
Dauphin, document signé du Roi et de la
Reine et scellé du sceau de Louis XVI. Papiers inexprimablement précieux, sauvés,

jusqu'à cet instant, de tous les naufrages et cousus dans le col de sa redingote.

Il ne les reverra jamais, est-il besoin de le dire ?

Subitement, alors, il n'y a plus de lois en Prusse pour cet étranger. Les choses les plus invraisemblables, les plus impossibles, s'accomplissent. En échange de ses papiers, on lui donne une patente d'horloger et le droit de bourgeoisie dans la petite ville de Spandau, cela sur un simple certificat du chef de la police de Berlin, au mépris des lois et des ordonnances.

A partir de ce moment, tout est dit, l'homme est confisqué, supprimé, enseveli, claquemuré sans pardon, coulé dans du plomb et dans du bronze. On ne veut pas le tuer, non certes, il peut tellement servir un jour ! mais on le veut tranquille, effacé, indiscernable dans les balayures et les plâtras.

Tout ce que peut ambitionner un cloporte lui
est accordé, facilité...

Quelle belle chose! Le fils de Louis XVI,
de Louis XIV, d'Henri IV, bourgeois prussien! Le légitime héritier du vainqueur de
Marignan, du chevalier du Camp du Drap
d'or, remontant la pendule détraquée du
bourgmestre pour laquelle une souillasse de
Poméranie est venue le relancer insolemment
jusqu'à trois fois!

Mais, que dis-je? voici tour à tour le bras-
seur de la Grande Rue, le fabricant de sau-
cisses de la rue Froide ou le cordonnier
important du cul-de-sac des Electeurs, qui
viennent reprocher en gueulant à cet enfant
de Bouvines, de Taillebourg, de Damiette, de
la Massoure, d'avoir mal réglé une montre à
répétition, de laisser obstinément des tas de
poussière dans les rouages d'un chronomètre
auparavant infaillible, ou de s'acharner sans
excuse à ne pas vérifier le grand ressort d'un
coucou chanteur!...

Mon Dieu! c'est extrêmement simple. Le

traité de Tilsitt avait réduit de moitié la
monarchie prussienne. Peu s'en était fallu —
Napoléon, à Sainte-Hélène, a exprimé le
regret de ne l'avoir pas fait — qu'elle dispa-
rût complètement par la dépossession de la
maison de Brandebourg, la restitution de la
partie polonaise du royaume à la Pologne
et la création d'un nouvel État fait de l'an-
nexion des terres allemandes à quelque autre
partie de l'Europe centrale. La Prusse se
trouvait à la merci du terrible Empereur.

Contrarier, dans un ordre d'idées quel-
conques, sa politique, c'eût été encourir sa
colère. Dévoiler à la police impériale la présence de Louis XVII sur le territoire prussien, c'eût été s'exposer à l'obligation de le
livrer ; peut-être aussi le vouer à la mort.
Dans les deux cas, c'eût été perdre l'otage
le plus précieux.

L'étonnante sollicitude de la police lui fut

continuée « lorsque, renonçant à toute pré-
tention au trône de France, il décida de se
marier obscurément avec la fille d'un bourgeois de Spandau, le 29 novembre 1818.
Contrairement à tous les règlements établis
et à toutes les lois de la monarchie, le gouvernement prussien le dispensa de produire
l'acte de naissance requis pour l'accomplis-
sement des formalités civiles du mariage!...

Et lorsque, le 27 mars 1820, quelque temps
après la naissance de son premier enfant, le
prince écrivit au ministre de l'intérieur dans
des termes hautains pour protester contre
la force inavouée qui le privait de son nom
et de son héritage, aucun châtiment ne lui
fut infligé. On accepta, sans mot dire, cette
protestation... Oui, pendant une période de
vingt-trois ans, signalée pour l'infortuné fils
de Louis XVI, par tant de déceptions et de
funestes événements, la Prusse lui accorde
la protection la plus évidente et la plus
étrange. Jamais, lorsqu'il s'agit, pour le duc
de Normandie, d'assurer son existence, il ne

s'adresse en vain aux pouvoirs publics ». (1)

Enfin, il s'évada, à la manière du malfaiteur de Villiers, c'est-à-dire pour se jeter à ses bourreaux. S'il avait voulu se tenir tranquille en Prusse, ou hors de Prusse, on lui aurait fait la vie douce, la richesse même ne lui aurait pas été refusée. On a été jusqu'à lui offrir des millions.

Mais le fils, de plus en plus *vrai*, de Louis XVI, voulait *aller au-devant de l'amour de son peuple*. Il croyait qu'il lui suffirait d'apparaître et il vint à pied, pour cela, du fond de l'Allemagne, demandant l'aumône... Les bras tombent quand on lit ces choses.

(1) HENRI PROVINS. *Le Dernier Roi.*

IX

LA DUCHESSE CAÏN

> Num custos fratris mei
> sum ego?
>
> *Genèse.* iv. 9.

Je découvre tout à coup qu'il m'est impossible de faire un pas de plus sans parler de la sœur. Car il a une sœur, ce malheureux, et même une sœur fameuse dont il fut beaucoup parlé. Aujourd'hui encore il y a des gens honorables, c'est-à-dire des gens paraissant n'avoir ni tué ni volé, qui ne la nomment pas autrement que la *sainte* duchesse d'Angoulème.

« Mon frère, a écrit cette sainte, avait beaucoup d'esprit, mais la prison lui avait fait beaucoup de tort, et même, *s'il eût vécu il y aurait eu à craindre qu'il ne devint imbécile* » (1). Donc il vaut mieux qu'il soit mort, conclut avec raison un historien spécial, malheureusement respectueux.

(1) Duchesse d'Angoulème. *Relation de la captivité*, etc.

Il y a, sans doute, peu d'êtres humains
dont la mort ait été autant désirée que celle
de Louis XVII. Question d'héritage. Les deux
oncles avaient passé les trois quarts de leur
existence criminelle à convoiter la royauté
dont ils ne jouirent d'une façon malpropre
que très-peu de temps avant de crever comme
des animaux immondes.

Pour ce qui est de la sœur, il s'est décou-
vert, à la fin, qu'elle avait surtout dans sa
vieillesse, un extrême désir de ne pas lâcher
l'argent (1). La duchesse d'Angoulême qui
avait d'excellentes raisons pour ne pas croire
à la mort de son frère et des raisons meil-
leures, des raisons d'or pour le faire chou-
riner dans les petits coins, — la sainte

(1) On sait que la fortune patrimoniale de Louis XVII,
volée par ses oncles, d'abord, filoutée ensuite par sa
sainte sœur et finalement raflée par le comte de Cham-
bord, était, en 1815, de 307 millions, capital remis au duc
de Blacas, par le marquis de Monciel et qui fut placé à
l'étranger, portant 9 millions de rentes. Il est évidemment
plus profitable de renier et d'assassiner un frère que de
remonter des pendules.

duchesse, dis-je, « a tout fait pour savoir si
ce frère aurait pu échapper au long et infer-
nal martyre auquel des monstres l'avaient
soumis... Elle a tout fait, *pendant bien des
années*, ayant gardé *l'espérance* de retrouver
son malheureux frère... » Ainsi parle un
domestique sot, le marquis de la Ferronays,
gendre du duc des Cars, dans une intro-
duction aux *Mémoires de M*^{me} *de Tourzel.*

Traduction dans le seul langage qui con-
viendrait à de pareils serviteurs :

— La sainte duchesse que nous vénérons,
à peu près, comme un quartier de chienne
pourrie, a tremblé, toute sa vie, de voir
apparaître son frère et elle a *tout fait* pour
ne pas le rater en quelque lieu que ce fût.
Malheureusement elle ne donnait pas assez
de galette et, par conséquent, fut mal servie.
Les deux ou trois pauvres fois qu'elle crut
s'en débarrasser, l'opération échoua fort
piteusement. Ce ne fut que très-tard, lorsque
cette fille de saint Louis était elle-méme sur
le point de monter au ciel, qu'elle parvint,

dit-on, à lui faire passer; en Hollande, un
petit bouillon... Nous autres, les larbins, non
moins disposés à accomplir les actes de la
plus sublime vertu que les pires turpitudes,
nous certifions ces faits devant Dieu, aussi
volontiers que nous certifierions le contraire
si cela pouvait nous être profitable et, n'ayant
plus cette maîtresse dont le monde n'était pas
digne, nous offrons nos âmes loyales au
premier chenapan qui daignera nous honorer
de sa confiance.

« *Loi des 20-25 septembre 1792*. Titre V.
— Décès. I. La déclaration du décès sera
faite par les *deux plus proches parents* ou
voisins de la personne décédée, à l'officier
public, et dans les vingt-quatre heures ».

La plus proche parente et la plus voisine, *à
la fois*, du petit roi, c'était sa sœur aînée, âgée
de dix-sept ans, détenue à la tour du Temple,
à quelques marches de l'appartement dans

lequel il y avait eu un décès. Or, Mme Royale *ne fut pas appelée*, ni dans les vingt-quatre heures ni plus tard, à vérifier l'identité du cadavre qu'on disait être celui de son frère, mort le 8 juin 1795 et enterré quatre jours après.

Voilà ce qui jaillit instantanément, avec plusieurs autres choses monstrueuses, de la prétendue copie du soi-disant acte de décès, —défectueux, illégal et, d'ailleurs, *détruit*!!! de Louis XVII.

Le défaut de ce témoignage sans réplique, défaut si imbécilement expliqué par la crainte de faire de la peine à une jeune personne dont on venait de guillotiner toute la famille, suffirait seul à convaincre de la substitution et de l'évasion un homme convenablement équilibré.

Il serait puéril, d'autre part, d'énumérer les raisons impérieuses, toutes-puissantes, qu'aurait eues la Convention, d'éclairer par des torrents de lumière et de rendre indiscutable à jamais la mort du dernier héritier

direct des rois de France. Tout a été dit sur
ce point comme sur tant d'autres concernant
la Survivance et, vraiment, je ne connais pas
de *présomption* historique autour de laquelle
se soient accumulées tant d'irréfragables
preuves.

Mais il est une loi spirituelle sans exception. Quand une chose qui devait se faire n'a
pas été faite, elle poursuit l'homme indéfiniment, jusqu'au fond des puits éternels. Tant
que vécut la duchesse affreuse, elle fut
appelée à *reconnaître* son frère et elle fut
appelée en vain. Depuis le 19 octobre 1851,
date de la mort de cette sainte, je me la
représente fort bien continuant spirituelle-
ment cette *vocation*, dans les tortures inimaginables...

Il est dit, dans le Sermon sur la montagne,
que celui qui regarde une femme avec con-
voitise a déjà commis l'adultère dans son

cœur. Marie-Thérèse-Charlotte de France
parait avoir *regardé* la mort de son frère,
comme un adolescent regarde la croupe d'une
courtisane, et c'est au point que lorsqu'un de
ces royalistes sages qui ne montent jamais
dans aucun bateau, dit, aujourd'hui, sereine-
ment, que Louis XVII est mort au Temple,
on a l'impression d'être dans un mauvais
lieu, et on croit entendre cette réprouvée...

Il y a aussi des témoins nombreux, des témoins muets; des témoins sans cœur, descendus aux gouffres piaculaires et qui réavalent,
comme ils peuvent, leurs témoignages, en
pleurant du feu...

Tel est un des aspects de l'histoire de la
Survivance qui est certainement des plus
noires et des plus tragiques du monde. La
fille de Louis XVI et de Marie-Antoinette, la
sœur de Louis XVII, *respectant* Louis XVIII,
assassin de son père et de sa mère et lui
obéissant jusqu'à épouser le duc d'Angoulême! Plus tard, obéissant à Charles X et le
respectant, celui-là aussi, et toujours égor-

geant son frère pour... sauver *l'honneur* de
tous ces pourceaux !

Que se passe-t-il chez les pauvres gens
qui gagnent leur vie avec labeur, *in sudore
vultûs*, comme il est écrit ? Le père et la
mère sont partis pour aller souffrir, confiant
à leur fille déjà grande un petit garçon
bien-aimé qu'ils ont engendré dans leur tristesse. La sœur, alors, abandonne le pauvre
enfant et se prostitue. Rien n'est plus banal
ni plus douloureux. Mais, dans le cas de la
duchesse d'Angoulême, il y a une circonstance qui n'a pas de nom. Cette sœur horrible *avait emporté tout le pain de la maison...*

Et l'affaire de Mme de Rambaud! En voilà
un poëme de dégoûtation! Il faut lire ça
dans la rélation de M. Morel de Saint-Didier,
missionné par Louis XVII auprès de sa sœur
et qui, racontant lui-même ses deux ambas-

sades, a écrit une sorte de chef-d'œuvre (1).
Cette pièce est si importante que tous les
ouvrages sur Louis XVII l'ont transcrite, à
peu près *in extenso*.

Mme de Rambaud était une bonne vieille
« attachée », il n'y avait pas loin d'un demi
siècle, « au berceau du duc de Normandie,
depuis sa naissance jusqu'au 10 août 1792 ».
Elle l'avait cru mort jusqu'en 1833. A cette
époque seulement, le prince lui fut présenté.
L'ayant reconnu à certains signes indubita-
bles pour elle, il lui parut simple de donner
à son cher seigneur, abandonné et déshérité,
tout ce qui lui restait de vie et de force.

Ses démarches *inutiles* auprès de la duchesse d'Angoulème qui la fit insulter par
ses valets, ont été rendues fameuses par
Jules Favre pour l'opprobre éternel de la misérable. Mais l'endurcissement, la cruauté,
la vilenie, le *goujatisme* surnaturel de cette
fille des rois, étaient nécessaires pour que

(1) *Le Dernier Fils de Louis XVI*, 1836.

fût révélée l'ignominie sans contrepoids d'un
Blason irrémissiblement diffamé, et, aussi,
pour qu'un jour, dans l'avenir, les voyous
eux-mêmes éclatassent d'indignation et que
les plus fangeuses putains des cités coupables
ne voulussent pas être confondues avec cette
Altesse !

Les premières démarches de Mme de Rambaud et de quelques autres personnes, vers
la fin de 1833, avaient eu, d'ailleurs, un
effet magique.

En novembre, le prince reçut une caisse de
fruits confits dont l'analyse démontra qu'ils
étaient empoisonnés. La tentative ayant
échoué par l'effet d'une sorte de pressentiment ou de sagacité instinctive qui avertit le
destinataire de la présence d'un danger de
mort, celui-ci tombait, le 28 janvier 1834,
place du Carrousel, à 8 heures du soir,
frappé de six coups de poignard.

Il en réchappa, sauvé par une médaille de la Sainte Vierge fixée à son chapelet, laquelle « semble avoir paré un coup qui eût été sans rémission ».

Cette dernière phrase est d'un bon domestique de Madame, le vicomte Sosthène de La Rochefoucauld, d'autant moins *suspect*, celui-là, que, d'après l'ensemble de sa conduite, et l'homicide ambiguïté de quelques unes de ses expressions, on se le représente volontiers distribuant de l'or à des bandits, — sans profusion ni gaspillage, toutefois, car il n'y a pas de petites économies, sa maîtresse a dû le lui dire, et l'assassinat, même d'un frère, n'est pas une opération sur laquelle on doive s'emballer au point de dilapider un argent fou.

Ah! je sais bien, il y a une réponse au célèbre *cui prodest*. Cette réponse, à l'usage des seuls princes et banale s'il en fut, est l'histoire, fort incertaine, d'ailleurs, d'Henri II *ne commandant pas* le meurtre de saint Thomas. Mais où est le vicomte, n'ayant pas l'habitude ancienne de curer les fosses, qui prendrait sur lui de conférer l'auréole à une pareille innocence?

Le 16 novembre 1838, après le refus de sommes énormes offertes par l'entremise du gouvernement de Louis-Philippe, en échange d'une renonciation au trône de France, nouvelle tentative à Londres. Le prétendant, cette fois, est honoré de plusieurs balles de pistolet qui le blessent cruellement, mais ne le tuent pas mieux que le couteau.

Madame, décidément, était mal servie. Par décret divin, le pauvre homme avait encore sept ans à vivre que ne pouvait lui ravir aucune sollicitude familiale. Ce délai expiré, on ne le rata plus. Mais que c'était tard! et combien peu de temps restait à Marie-Thérèse pour illuminer!

Il est ridicule aujourd'hui de prétendre que l'odieuse créature a pu être incertaine

de l'identité. Elle eût été seule. Personne,
dans son entourage, ne pouvait ignorer
l'évasion que connurent, au moins, tous les
hommes d'État en Europe, de la Convention
à Louis-Philippe, et plusieurs, parmi ses
admirateurs les plus respectueux ou ses
confidents les plus intimes, étaient couvain-
cus de l'identité du prétendu Naundorff avec
le prétendu mort.

Pour ne parler que de l'évasion, elle avait
été annoncée à tout le monde. On signale,
parmi les actes de la Convention, un décret
qui ordonne de *poursuivre sur toutes les
routes de France, le fils de Capet*, et on a
d'abondantes preuves de l'exécution de ce
décret (1).

(1) « Solard raconte que dans les mois 'qui suivirent
le décès du Temple, les agents de la Sûreté interrogeaient
tous les enfants paraissant âgés de dix ans, rencontrés
voyageant sur les routes, et que l'on exigeait de leurs com-
pagnons des papiers justifiant de leur identité. Il ajoute
que si quelque chose de contraint se révélait dans leur
attitude, on les retenait jusqu'à plus ample information.
Parmi ces arrestations, il faut rappeler celle d'un jeune
homme soupçonné d'être Louis XVII, qui eut lieu à Vire,

Qui croira que la duchesse d'Angoulême ait puignorer ou mépriser les proclamations des généraux comte de Puisaye et Charette, qui démontrent clairement, dit Otto Friedrichs, la première, que Louis XVII était vivant le 30 juin 1795, c'est-à-dire vingt-deux jours après son prétendu décès; la seconde, son existence à la fin de la même année ? (1)

Je renvoie pour les autres preuves, qui

le 10 septembre 1800. Mme la marquise de Tourzel s'en préoccupa au point de se faire délivrer copie de l'écrou qui portait : *Signalement de Louis-Charles de France.* N'est-il pas intéressant de constater cette préoccupation de Mme de Tourzel en 1800, et, en la rapprochant de ce qu'elle écrivit depuis, dans ses *Mémoires*, ne convient-il pas de se demander si le titre de duchesse que lui accorda Louis XVIII, seize années plus tard, ne contribua pas considérablement à modifier sa croyance ? » HENRI PROVINS, *Le Dernier Roi.*

(1) « La proclamation de de Puisaye est datée du 30 juin 1795. Il y est dit:

« Pourquoi *cet intéressant et auguste rejeton de tant*
« *de rois*, le fils de ce malheureux monarque qui, croyant
« se confier à l'amour de son peuple, s'est précipité lui-
« même dans les bras de ses assassins, *n'est-il pas pro-*
« *clamé roi, rendu au trône de ses ancêtres ?...* »

« Or, au 30 juin, de Puisaye avait certainement appris

sont infinies, aux deux historiens remar-
quables invoqués ici, me bornant à faire
observer que la fameuse *fable* de l'évasion

la mort *officielle* du Dauphin. Puisqu'il en parle comme
d'un vivant, c'est que, pour lui, cette mort prétendue était
une manœuvre politique.

« Lorsque l'armée de la Vendée, influencée, à la fin
de 1795, par les agents du Directoire, se disposait à
mettre bas les armes, le général de Charrette l'apostro-
phait en ces termes :

« ... Allez donc, lâches et perfides soldats, allez, déser-
« teurs d'une cause si belle que vous déshonorez ! *Aban-*
« *donnez au caprice du sort et à l'instabilité des événe-*
« *ments ce royal orphelin que vous jurâtes de défendre.*
« Ou plutôt emmenez-le captif *au milieu de vous, con-*
« *duisez-le aux meurtriers de son père... devenez dignes*
« *d'eux, en faisant tomber à leurs pieds la tête inno-*
« *cente de votre roi.*

« Je ne serais point étonné que, sous peu de jours, le
« fils trop malheureux de l'infortuné roi Louis XVI, *fût*
« *arraché, malgré moi, de son asile* et livré à ses persé-
« cuteurs.

« Pauvre enfant ! quelle destinée est la tienne !... *A*
« *peine soustrait à la férocité de tes bourreaux,* tu vas
« devenir victime de la trahison de tes défenseurs. . Eh
« quoi ! tu *retomberais* sous la puissance des tyrans !...
« Non ! non ! tant qu'un souffle animera mon existence,
« la tienne est assurée : tant que je jouirai de la liberté,
« tu garderas la tienne... » OTTO FRIEDRICHS. *Crime politique.*

est, en fin de compte, l'un des FAITS histo-
riques les plus notoires, les plus prouvés, les
plus confirmés, les plus formidablement et
indiscutablement documentés.

Les faux Dauphins suscités par une police
infâme et si odieusement objectés contre le
véritable, eussent-ils été possibles autrement ? Un acte de décès bien en règle les
eût aplatis à l'instant.

Marie-Thérèse aurait donc été l'unique,
en Europe, à ne rien voir, à ne rien entendre,
à ne rien lire, à ne rien savoir, alors que
précisément, il était impossible de se passer
d'elle pour les horribles manigances de
l'usurpation, du mensonge, de la calomnie,
du pillage et du fratricide.

Son *Mémoire*, écrit comme on écrit chez
les princes et lisible seulement pour quelques
vieilles filles ou quelques bedeaux, paraît
avoir principalement en vue de *sceller le*

cercueil de son frère, ainsi qu'il est dit dans la préface d'une édition récente, préoccupation que j'ose qualifier de légèrement démoniaque.

Ce triste bavardage d'une bréhaigne haineuse a été édité pour la première fois, en 1817, revu et soigneusement retapé, j'imagine, par le gros oncle. Il n'a donc aucune valeur historique et ne montre que l'épouvantable sécheresse de son auteur. Mais à quel point il montre cela, comment l'exprimer ?

Madame *atteste* la mort de son frère au Temple, cela va sans dire, puisque l'ennuyeuse brochure n'a pas d'autre objet (1).

(1) « La Dauphine *atteste*, sur le titre et à la fin de son récit, que son frère est mort le 9 juin 1795. Or tout le monde sait que la date *officielle* de la prétendue mort de Louis XVII tombe au 8 juin. Nous croyons que cette erreur étrange — erreur qui ne saurait être attribuée à une coquille, puisque la même affirmation se trouve dans toutes les éditions imprimées et, à deux reprises, dans le manuscrit de l'auteur — prouve à elle seule combien le témoignage de Marie-Thérèse manque de compétence et par conséquent d'autorité, lorsqu'on veut en inférer que Louis XVII est bien réellement mort au Temple. » Otto Friedrichs. *Bulletin de la Société d'Études sur la Question Louis XVII*. No 1.

Elle était séparée de lui, depuis environ deux ans, et *elle n'a pas vu le corps.* N'importe, sa parole de fille des rois nous doit suffire.

Et voilà que, trente-six ans plus tard, toujours fidèle aux inchangeables consignes de la même politique de damnés et toujours aussi sotte qu'une princesse a le droit de l'être, elle fait à M. Morel de Saint-Didier cette prodigieuse réponse :

— « Je crois mon frère mort, je pourrais même ajouter qu'il est mort, pour ainsi dire, sous mes yeux ; du moins l'enfant qui habitait sous ma chambre, au Temple, et que je savais être mon frère est mort là... *à moins qu'il n'y ait eu une substitution,* CE QUE J'IGNORE. »

En lisant les lettres de Louis XVII à sa sœur, on se demande comment était faite cette créature. Je ne sais rien de plus pathétique, de plus déchirant que ces pauvres lettres qui n'obtinrent jamais d'autre réponse que l'outrage des gens de police, l'emprisonnement et l'assassinat.

Incertaine de l'évasion et de la mort, c'était déjà son devoir, comme c'eût été le besoin de son cœur, de recevoir et de regarder de très-près tous ceux qui criaient : Je suis le Dauphin ! eussent-ils été très-nombreux. Mais elle *savait* que son frère n'était pas mort au Temple, et elle savait que l'homme qui l'implorait était son frère (I).

Elle savait aussi que plusieurs avaient payé de leur vie leur dévouement à ce proscrit. Elle savait enfin et surtout que son cousin le duc de Berry, le meilleur des derniers Bourbons, avait été poignardé pour sa punition d'avoir voulu rendre sa couronne au vrai roi de France.

Eh! bien, son frère implorait — avec quel

(I) Elle en a fait elle-même l'aveu, plusieurs fois. *Bulletin de la Société d'études sur la question Louis XVII*, N° 1, page 10.

accent ! — une audience courte, *assuré de se
faire reconnaître de sa sœur, après dix
minutes d'entretien.*

« Hélas ! elle les appréhendait, ces minutes tant désirées par lui, parce qu'elle savait sans doute qu'elles auraient permis à cet
infortuné de lui rappeler l'un ou l'autre détail
de la douce intimité de l'enfance, l'un ou
l'autre fait, l'un ou l'autre signe connu d'eux
seulement et qui aurait fait jaillir devant ses
yeux des lumières telles qu'elle n'eût pu se
dérober à leur éclat ; elle les appréhendait,
parce qu'elle n'ignorait pas que l'homme reconnu par Mme de Rambaud était bien son
frère ; elle les fuyait, parce qu'elle craignait
de sentir dans sa poitrine des battements
trop forts et trop précipités, en revoyant le
compagnon de ses jeunes années » (1).

Que dire de plus ? La tristesse et l'hor-

(1) HENRI PROVINS. *Dernier Roi.*

reur surabondent. Quand Louis XVII eut été
définitivement *expédié*, là-bas, en Hollande,
et qu'il fut mort en maudissant son infâme
sœur, il ne resta plus à Marie-Thérèse qu'à
se préparer elle-même à une sainte fin par la
pratique de toutes les vertus.

Donna-t-elle, en même temps, des ordres
pour que ses neveux et nièces fussent mas-
sacrés à leur tour ? On ne sait pas. Tout le
mal possible leur a été fait, mais enfin ils
ont vécu.

Tout porte à croire que Caïn tua son frère
en quelques minutes. Il ne fallut pas moins
de trente ans à cette duchesse pour tuer le
sien. On fait ce qu'on peut. Il est vrai que
Caïn est accusé seulement d'avoir tué le
corps. C'est moins difficile et moins long,
sans doute, que de tuer l'âme (1).

(1) Le 6 février 1837, le prince écrivait de Londres à
sa fille, Mme Amélie :

« ... On vous propose, m'écris-tu, de vous conduire
à Carlsbad, afin d'essayer de toucher le cœur de la
duchesse d'Angoulème. J'ai cru, autrefois, moi-même,
que la chose était facile. Ta bonne mère peut t'attester

combien de fois j'ai pleuré à cause de cette sœur, sans
lui dire qui elle était ; elle m'engageait à la faire venir,
la croyant malheureuse, parce que, disait-elle, nous tra-
vaillerons pour elle. Alors, ma chère Amélie, je séchais
mes pleurs : la bonté du cœur de ta mère me faisait
oublier, pour le moment, celle avec qui j'avais été enfermé dans la tour du Temple, époque à laquelle elle avait
aussi un bon cœur. Il n'en est plus ainsi aujourd'hui ;
rien ne pourrait l'attendrir : par conséquent le voyage
serait inutile et dangereux ; il me coûterait de l'argent
qu'on peut mieux employer qu'à le dépenser pour une
femme sans cœur et sans âme même, car Mme la Duchesse d'Angoulême est déjà comme morte par sa propre
condamnation. Elle a dit que si son frère vivait, elle
serait un monstre. Eh! bien, son frère vit ; et il sera bientôt prouvé en face du monde que ce mot de monstre, que
Mme la duchesse d'Angoulême s'applique hypothétique-
ment peint ce qu'elle est en effet. J'ai cherché ma sœur
dans tous les pays, par l'amour de mon cœur, je n'ai
trouvé qu'une femme hypocrite et feignant la sainteté, et
qui, d'après ses actions infâmes envers moi. ne me sem-
blerait pas la véritable fille de Marie-Antoinette ma mère
et reine de France, si je n'avais pas la certitude qu'elle
l'est. On m'a rapporté comme certain qu'elle s'était van-
tée auprès d'un grand nombre de Français d'avoir des
preuves pour confondre mes prétentions, et que son frère
était bien mort dans la tour du Temple. Elle en impose
horriblement. car le fils de Louis XVI, le vrai roi légitime de France, c'est moi, ton père, qui t'écris cette lettre.

« Tout le monde le reconnaîtra ; et Mme la duchesse
d'Angoulême, elle aussi, sera reconnue pour ce qu'elle
est. Dieu veuille que, pour son honneur, elle puisse jus-

tifier sa conduite. Tu l'appelles, cette tante, dans ta lettre, Mme la Dauphine; dorénavant je te défends de lui donner ce titre, parce qu'il ne lui appartient pas. Puisque ces aveugles débris de Louis XVIII et de Charles X ne veulent pas entendre raison, je dois enfin leur montrer que c'est moi qui suis le chef de la famille, et non pas le mari de Mme la duchesse d'Angoulême. Je t'ordonne, ma chère Amélie, de faire venir chez toi la personne dont tu me parles. Laisse-lui lire cette lettre, et dis lui qu'elle peut en envoyer copie à Madame si elle veut, et lui déclarer qu'un être capable d'assassiner moralement six enfants innocents, avec leur père et leur mère, ne touche plus le cœur de ton père.

« CHARLES-LOUIS, duc de Normandie » (1).

(1) Emprunté à l'intéressante monographie : *Le Frère de la Duchesse d'Angoulême* par HENRI DESPORTES, où cette lettre est citée avec des améliorations de style et, surtout, d'orthographe. Le texte rigoureux a été publié pour la première fois, *intégralement*, en 1899, par Otto Friedrichs qui donne le fac-simile de la dernière page. (*La Question Louis XVII*, p. 153.)

X

LES DOMESTIQUES

> Inimici hominis domestici
> ejus.
>> *Saint Matthieu*, x, 36.
>
> Omnes enim domestici ejus
> vestiti sunt *duplicibus*.
>> *Proverbes*, xxxi, 21.

Quel mystère que la Domesticité !

« L'orgueil n'est pas lier », ai-je écrit, un jour, à propos d'un mauvais prêtre, « c'est même ce qui le distingue essentiellement de l'humilité ». Une rage effroyable de cirer les bottes et de faire les commissions est, aussitôt, l'infaillible cas des individus trop altiers pour donner audience aux Commandements du Seigneur. Plus ils sont altiers, plus ils décrottent. C'est la loi des lois.

Il est sûr que le besoin de servir est la chose la plus humaine. Quand on ne sert pas un maître, on en sert un autre, dit l'Évangile. Mais il faut un maître, absolument, c'est-à-dire quelqu'un qui ait le droit de tout demander, de tout exiger, de tout prendre. « Celui qui n'est pas avec moi est contre moi », a dit le Maître des maîtres. Il n'est

pas possible de parler plus divinement. Si
on refuse d'être le serviteur de Celui-là dont
le « joug est suave et le fardeau léger », il
faut, de toute nécessité, qu'on soit *avec* un
autre qui ne veut que des domestiques. *Nemo
potest duobus dominis servire.*

La domesticité, au fond, c'est de se servir
soi-même, en servant les autres, et plus on
le sait, plus on est un domestique. Dès lors,
qu'on soit duc ou palefrenier, cela se passe
tellement sur la même ligne qu'à trois pas,
une différence est inappréciable.

Pascal, tout Pascal qu'il est, paraît mé-
dioere, sinon comique, avec sa distinction
des « grandeurs d'établissement » et des
grandeurs de nature, dans un même individu,
et sa distinction correspondante des « respects de nature et des respects d'établisse-
ments » qu'il ne souffre pas qu'on confonde.
Faut-il croire que ce janséniste, déjà privé

de théologie, était assez peu métaphysicien
pour ignorer l'Unité de l'homme.

Quand l'animal raisonnable tombe à quatre pattes, il n'y tombe pas seulement avec
son âme personnelle, mais avec toute son
ascendance de gentilshommes ou de cro-
quants. Toutes les déclamations et tous les
sophismes littéraires n'y changeront rien.

Pascal veut qu'au moment précis où on
lèche, il s'opère sur la langue du lécheur
une division des deux « respects », analogue à la séparation des vins mélangés, sur la
langue d'un dégustateur. Les domestiques
ne voient pas si loin. Ils servent bassement,
parce qu'ils sont bas et ils servent, presque
toujours, en haïssant, parce qu'ils sont les
écoliers, volontaires ou involontaires, des
démons. Et voilà tout, exactement.

Quelle est la duchesse de Damas, la vicom-
tesse d'Agoult, le vicomte Sosthène, le mar-

quis de Vibraye ou n'importe quelle autre
unité dans la valetaille de Marie-Thérèse,
qui eût été capable de concevoir seulement
la pensée que Madame, fille de tant de rois
et désignée elle-même pour le trône, pût
avoir les sentiments d'une petite bourgeoise
ou d'une recéleuse? Dieu même « n'en aurait
pas tant demandé » à ces misérables intel-
ligences.

On le savait, d'ailleurs, et on traita cette
clique tout juste comme elle méritait de l'être.
Des gens qui se réclamaient de plusieurs
siècles d'honneur et dont les ancêtres avaient
été des fontaines de sang sur les champs de
bataille de la France, ou le long de la voie
du Saint Tombeau ; des hommes et des femmes, arrachés, pouvait–on croire, à la guillotine, à la fusillade ou à la noyade pour être
des boutures infiniment précieuses de che-
valerie et de loyauté ; tout ce noble monde
reçut, trente ou quarante ans, des consignes
qu'il savait infâmes et les exécuta respec-
tueusement, sans une révolte, sans un mur-

mure. Toute cette fleur épanouie de la plus
haute aristocratie chrétienne MENTIT,
chaque jour, par le silence ou par la parole,
sachant qu'elle mentait, — sachant qu'il y
avait une victime auguste, inexprimablement digne de respect et de pitié, — et se
prêta, avec une épouvantable complaisance,
aux intrigues les plus criminelles pour cacher
au monde la nudité d'une fratricide.

L'universelle réputation de *sainteté* de la
duchesse d'Angoulême s'accrut ainsi, précisément, de ce qui devait rendre abominable
sa mémoire. « C'est un horrible malheur
— écrivait en 1835, un journaliste honoré,
quelque temps, de la confiance du prince et
qui ne s'était approché de lui que pour le
trahir hideusement — *c'est presque une im-
piété que de soupçonner Madame la Dauphine* ». On oublia d'anoblir ce laveur de

cuvettes sales. L'ingratitude des rois est bien connue (1).

Les autres, les larbins au fier cimier, dont l'*honneur* était enveloppé naturellement dans celui de la Drôlesse, transmirent, comme il convenait, ces deux objets rares à leurs héritiers qui en ont gardé le dépôt dans les sédiments de la décrépitude aristocratique.

Toutefois, le besoin de servir bassement est si mystérieux et si fort, qu'il n'a pas cessé, même aujourd'hui, après trois générations, et qu'on peut toujours s'attendre à voir surgir un néfaste garçon de bain tel que Chantelauze ou le petit Veuillot ou encore M. Anatole France, le crépitant académicien (2), toujours prêts à désengourdir les vieux mensonges morfondus.

Cette vermine, je le sais, n'est pas dange-

(1) Dieu soit loué ! Je me trompais, j'étais injuste pour les rois. Il paraît que ce groom, du nom de Thomas, — ou son fils, je ne sais plus très-bien, — porte aujourd'hui le nom de comte d'Agioux !!! ??? Henri Desportes, *Le Frère de la duchesse d'Angoulême*. Paris, 1888.

(2) Voir l'*Appendice*.

reuse, mais sa puanteur est à donner le dégoût de vivre ; puis, c'est exaspérant, à la
fin, de ne pouvoir pénétrer le secret d'une
turpitude qui ne doit plus être payée par
personne, je le suppose, du moins, et qui,
pourtant, s'exécute, avec une obstination de
maniaque, tous les quinze ou vingt-cinq ans,
au mépris des témoignages et des textes, au
mépris de la raison, de la. vérité, de la justice, de l'équité rudimentaire, de tonte objec-
tion même invincible, de toute réfutation
même victorieuse ; au mépris surtout de *l'art
d'écrire* : — exclusivement *pour* l'HONNEUR !

XI

L'HALLALI DU DERNIER ROI

*...amariorem morte mulie-
rem quæ laqueus venatorum
est...*

            ·   *Ecclésiaste.* VII, 27.

Arrivé en France, en 1832, Louis XVII y trouva surtout cette canaille. Le cœur de son peuple ne palpita pas. Aucun pressentiment, aucun instinct n'avertit personne de l'entrée à Paris du fils d'Henri IV, et c'est à peine s'il ne mourut pas de faim, dans la ville immense que ses ancêtres avaient bâtie avec faste pour être, un jour, la capitale de Jésus-Christ, quand il leur faudrait lui remettre son royaume dont ils n'avaient que la *lieutenance*.

Il a raconté son vagabondage plus que douloureux des premières semaines, alors que « n'ayant pas un sou dans sa poche, pas une âme à qui parler, pas une grange où s'abriter, il se vit réduit à la nécessité de passer trois nuits en plein air, dont la dernière dans l'enceinte du cimetière du Père-Lachaise ».

Son récit est, lui-même, d'une indigence qui aggrave la pitié et fait paraître plus déchirante cette misère d'un homme à qui tout devrait obéir (1).

(1) « Comment ai-je apaisé les angoisses de ma faim, lors de ces poignantes épreuves ? Le monde entier ne voudrait pas me croire si je racontais que quelques fruits verts ont été la nourriture du fils de Louis XVI. A la fin du même mois, je venais de sortir de l'intérieur de Paris, et je retournais, pour la seconde fois, chercher le repos de la nuit à l'ombre de la mort, là, au fond d'une fosse que mes ennemis ne pouvaient pas me disputer, puisqu'ils m'avaient enseveli tout vivant. Il commençait à pleuvoir et plusieurs orages se réunissaient au-dessus de la ville. Je revins sur mes pas dans l'espoir d'être assez heureux pour me procurer un abri, au moins pour cette nuit. La violence de la tempête et les torrents d'eau qui s'échappaient des nuées avaient rendu les rues désertes ; je ne découvrais personne à qui je pusse m'adresser pour m'enquérir si l'on saurait m'indiquer une auberge à bas prix, qui voulût bien consentir à me recevoir. Ainsi exposé à l'inondation qui n'avait pas laissé une seule partie de mes vêtements sèche sur mon corps, mon anxiété devenait désespérante ; lorsque tout à coup un petit garçon s'approcha de moi, me prit par la main et me dit : — Monsieur, vous cherchez une auberge ; venez avec moi, je vais vous montrer ce qu'il vous faut. Ce jeune enfant que je me figurais tombé des nues avec la pluie, me conduisit à Ménilmontant n° 17, à la porte d'un mauvais cabaret, bien sale, tenu par une femme âgée d'environ

Il trouva quelques anciens serviteurs de sa
famille, *les ayant cherchés*, démarche qui
eût été le comble de l'imprudence chez l'imposteur que les domestiques ont supposé.
Ces êtres magnanimes qui étaient précisément le contraire des domestiques et, par
conséquent, dénués de puissance politique, le
secoururent. Il put enfin prendre position
vis-à-vis de l'affreuse sœur et du vieil usur-
pateur Charles X, à cette époque sur le point
de finir sa longue vie pleine de lâchetés et de
hontes.

Pour le dire en passant, c'est à faire lever
le poil, comme dans Job, de penser que cette
ordure de Bourbon a dû nécessairement être
complice de Louis XVIII et du duc de

cinquante ans, nommée Jeannot, qui se faisait aider par
sa nièce ou sa fille, que je soupçonnais de n'avoir pas
plus de quinze ans. Mon mystérieux conducteur m'avait
quitté là en me disant : *Voici votre refuge* ; car je me
tournai aussitôt pour lui demander s'il ne se trompait
pas, et je ne le vis plus. — Puis-je loger ici ? m'infor-
mai-je en entrant. — Oui, monsieur, me répondit la
maîtresse, il y a un lit tout prêt pour vous... »
Partie préliminaire de la Doctrine céleste.

Cazes dans l'événement atroce du 13 février 1820, ou, tout au moins, qu'il se résigna
de bonne grâce à l'assassinat d'un fils devenu
gênant (1).

Le pauvre Louis XVII n'était pas de force.
Bien que chassée de France, l'odieuse famille
restait puissante. Elle avait des revenus
princiers, volés, d'ailleurs, comme il a été

(1) Il est prouvé que le duc de Berry avait écrit, en
Prusse, au prétendu Naundorff : « Vous recouvrerez la
couronne où j'y perdrai la vie ». Il eut, en effet, l'audace
de sommer Louis XVIII, de restituer la couronne au
fils de Louis XVI. Le lendemain, un maladroit le saluait
de deux coups de feu sur le Carrousel, entre minuit et
une heure. Trois jours après, on le poignardait.

« En 1820, avant l'assassinat du duc de Berry, un
rassemblement avait été organisé pour soutenir cet
excellent prince, qui voulait opérer un mouvement pour
faire reconnaître et proclamer le roi légitime. J'étais
entré dans cette noble conspiration avec plusieurs autres
colonels qui devaient soutenir ce mouvement. L'assassinat
du prince fit tout contremander. » (Déposition du comte
du Vallès.) *Bulletin de la Société d'études sur la question Louis XVII*, p. 213.

dit plus haut, et une clientèle infinie. Par les
polices de l'Europe, sa main sanglante attei-
guait partout, et les magistratures, au moindre mot venu de Prague, s'évanouissaient
dans leurs jupons. Surtout, il y avait, chez
tous les porteurs de carcans royaux, une
telle solidarité dans la même abomination,
que l'abhorré Louis-Philippe, devenu précieux, ne refusait pas ses services. Le comte
de Rochow, ministre de l'Intérieur à Berlin,
a dit, en 1836, à Xavier Laprade : « Au
reste, monsieur, je ne voudrais pas affirmer
que Naundorff n'est pas le Dauphin de
France; mais je vous dirai ma pensée toute
entière : *il ne peut être reconnu pour tel*,
parce que SA RECONNAISSANCE SERAIT LE
DÉSHONNEUR DE TOUTES LES MONARCHIES
DE L'EUROPE ».

Louis XVII, las d'implorer inutilement sa
sœur, se décida à assigner la Cour de Prague devant le Tribunal civil de la Seine. La
sainte, avisée à temps de cette résolution,
avait fait aussitôt la chose très-simple de

10.

solliciter l'appui du gouvernement de Louis-
Philippe par l'intermédiaire du gouvernement.
autrichien pour que le procès n'eût jamais.
lieu et il fut répondu que *les mesures avaient
été prises à cet effet*.

Ainsi fut écrasé le misérable. Deux jours
après l'action intentée, on envahissait son
domicile, on l'arrêtait, on saisissait tous ses
papiers qui ne lui furent jamais rendus et que,
sans doute, on envoya galamment à Prague.
Enfin, après vingt-six jours de détention illé-
gale, en dépit de ses protestations et de celles
de ses défenseurs, on l'expulsait du royaume.
C'était quelque chose d'avoir désarmé et,
peut-être, désespéré un adversaire dont on
n'avait pas réussi à couper la gorge (1).

(1) « ... Il serait très-important, mon cher Bloy, et
très-péremptoire, quand vous nommerez Louis-Philippe,
de flétrir l'invention de l'origine prusso-juive de Naundorff, d'après le *faux* dont j'ai donné des preuves irréfu-
tables, sévèrement documentées (Ministres de Louis-
Philippe dévoilés faussaires par les Archives secrètes
de Berlin. — *La Question Louis XVII*, p. 88). Là vous
trouveriez une occasion superbe de dire votre sentiment sur cette monstruosité orléaniste. C'est un des

C'était quelque chose, en effet. C'était même beaucoup, et, pourtant, ce n'était rien. — Oui, monsieur, *tout cela n'est rien.* C'est le mot de l'admirable duchesse à qui on venait de dire des choses de la plus énorme conséquence, mais qui *n'étaient pas la* Mort de son frère. C'était offrir un panier de figues à une panthère enragée de faim. Tant qu'il vivrait, la duchesse d'Angoulême ne dormirait pas, les princes non plus, ni les domestiques. Comment le repos visiterait-il

points les plus importants et les plus irréfutablement démontrés de l'histoire de Louis XVII. Aussi ne saurait-on trop publier cette infamie. Ce faux *officiel* pour créer au prétendant une origine mensongère, n'est-ce pas un assassinat moral des plus caractérisés? Et j'y insiste, là il n'y a pas même à tergiverser, à discuter, puisqu'on est en présence d'un fait indiscutable. L'assassinat physique n'ayant pas réussi, on essaya l'assassinat moral et avec plus de succès, puisque, aujourd'hui encore, les imbéciles, les ignorants et les domestiques (Pierre Veuillot, Anatole France, etc., etc.) tablent sur cette fausse attribution d'origine. Mais vous saurez dire tout cela mieux que moi, c'est là un terrain où votre indignation peut se donner carrière et se livrer à un éreintement bien senti du gouvernement canaille de Louis-Philippe...

« Otto Friedrichs. »

cette multitude qui a profité du vieux crime et qui ne peut espérer d'en jouir pleinement que lorsqu'il sera consommé ?

Sans doute, on a tué tous les témoins qui eussent pu être favorables à Louis XVII. On en a tué, du moins, tant qu'on a pu. Sans parler des *refroidis* de peu d'importance qui furent en assez grand nombre, il y a des personnages tels que Hoche, Frotté, Pichegru, le duc d'Enghien, l'impératrice Joséphine, le duc de Berry. Cela fait une belle mare de sang. Le jeune Henri V y pourrait apprendre à nager. Mais redisons-le, TOUT CELA N'EST RIEN.

Puis, on le demande, pourquoi interrompre une si belle chasse ? Faut-il donc tout arrêter, tout décommander et priver de la curée nos nobles chiens, parce que la bête s'est enfuie sur un territoire étranger ? Allons donc ! les maîtres s'arrangent toujours.

Louis XVII fut donc relancé en Angleterre

et si malhabilement massacré qu'il en eut
encore pour sept ans à entendre les abois de
la meute et les féroces fanfares des chasseurs.
Enfin, il s'abattit et je veux croire que les
traditions cynégétiques furent assez sauvées
pour qu'on pût faire à Marie-Thérèse les
honneurs du *pied*...

Seulement, cette bête pourchassée trente
ans, cinquante ans, épuisée, affolée de toutes
les douleurs, de toutes les horreurs, de tous
les effrois, de toutes les rages, cette créature
indiciblement déplorable était, tout de même,
un homme. Sa mort fut la plus tragique des
morts et je ne sais rien qui pèse autant sur
le cœur que le récit de Gruau de la Barre,
témoin oculaire. Il faut songer que cette
agonie, qui n'a pu être expliquée que par le
poison, dura six jours et six nuits et se pro-
longea mystérieusement jusqu'au 10 août
1845, cinquante-troisième anniversaire du
dernier jour de la Monarchie.

Ce jour-là, le fils de Louis XVI eut la
permission de mourir.

« ... Les accents plaintifs d'un délire in-
cessant nous associèrent à toute l'amertume
des pensées qui assiégeaient l'âme du Roi
méconnu. Le tableau des tribulations de
toute sa vie, passant et repassant dans son
esprit, l'agitait de pénibles sensations et sa
figure, sillonnée de temps à autre par des
pleurs qui roulaient sur son majestueux
visage, portait les signes d'une souffrance
de cœur vivement sentie, d'angoisses sans
cesse renaissantes par le souvenir. Des
phrases détachées et prononcées d'une voix
brève et sonore, rendaient poignantes pour
tous les désolations de la royale victime. Il
gémissait sur lui-même, sur la cruelle destinée que ses persécuteurs lui avaient faite,
sur la France dont il entrevoyait les maux
à venir, sur son épouse, sur ses enfants qui,
bientôt, disait-il, n'auront plus de père :
« Je m'en vais chez mon Père céleste », ré-

pétait-il souvent d'un ton pénétré, « il me
couronnera... Pauvres enfants! vous n'avez
plus de nom; vous êtes retombés dans les
ténèbres... mon Dieu! prends-moi en grâce...
Depuis qu'ils ont coupé la tête de mon père,
il n'y a plus eu pour moi qu'obscurité... »
Puis, fixant ses regards sur sa fille aînée dont
la ressemblance avec sa tante lui rappelait
sa coupable sœur, il voyait la duchesse
d'Angoulême... « C'est elle, s'écriait-il, avec
qui j'aurai affaire; elle toute seule : c'est sa
faute... Les hommes n'ont jamais compris
tout le bien que je voulais leur faire..... Mon
fils Edouard, que de malheurs vont arriver
en France!... » Toutes ces paroles, parfois
accompagnées de sanglots, étaient prononcées d'une voix déchirante, avec énergie
et majesté... »

Grâces à Dieu, c'était fini, bien fini! Mais,
ô Seigneur! que cette chasse avait été longue!

Madame s'y était tant dépensée et avait montré une âme si guerrière qu'elle n'en pouvait plus, qu'elle allait elle-même succomber.

Ce n'est pas encore assez pour quelques-uns, m'a-t-on dit, de parler sans cesse de la sainteté de cette personne. Ces larbins furieux, veulent, en outre, que sa vie ait été un long *martyre*, surtout, j'imagine, à partir du moment où son frère commença de lui écrire.

Pauvre chère femme! Elle eût pu être heureuse, comme la première bourgeoise venue; et, même sur le trône, si elle avait eu la permission d'y monter, elle se serait crue derrière un comptoir.

Mariée, par l'entremise du gros oncle, à un imbécile peu ragoûtant, mais sortable; convenablement pourvue de millions; très-incertaine, d'abord, du décès de son frère au Temple, mais, bientôt absolument sûre de son évasion et de son identité, elle dut se dire que ce serait une charité de faire com-

prendre à ce garçon qu'ayant une boutique
d'horloger et la protection du gouvernement
prussien; ayant, d'ailleurs, les goûts de
papa, il devait être content de son sort,
s'estimer heureux auprès de sa petite bonne
femme de Spandau, laisser sa sœur s'avancer
en paix dans les voies de la perfection, et ne
pas venir se jeter à travers les combinaisons
d'une famille qui n'avait aucun besoin de
lui...

Pourquoi fallut-il que ce frère, incapable
de sagesse et que « la prison, hélas! avait,
sans doute, rendu imbécile », entreprît, avec
un acharnement si peu fraternel, de reven-
diquer son nom et son héritage? Il devenait
un ennemi public, un fléau, et chacun avait
le devoir de le pourchasser à outrance, de le
traquer sans merci.

De Spandau à Brandebourg et de Brandebourg à Crossen, la battue s'organisa. Plus
tard, ce fut en France, puis en Angleterre,
puis en Hollande. Partout où le misérable
put aller, il trouva les gueules féroces que

lui envoyait sa sœur, affables et pieux souvenirs de l'orpheline à l'orphelin.

On se représente le *martyre* enduré,
chaque jour, par l'âme douce de Marie-
Thérèse forcée, pour SAUVER LA CAISSE, de
chasser à courre son propre frère, accompagnée de toute l'Europe galopant à ses
côtés, et, de sa vieille bouche, sonnant elle-
même l'hallali, jusqu'à s'en faire sauter les
poumons!

XII

LA RAISON D'ÉTAT

> Scelus tuum, & ignomi‑
> niam tuam tu portasti.
>
> *Ézéchiel*, XVI, 58.

Dieu me préserve des **abstractions**! **La** Raison d'État, ici, c'est Louis XVIII. Elle n'est pas belle.

Ce gros podagre plein d'**ordure dut** navrer d'un dégoût étrange la jeunesse française qui le voyait après avoir vu Napoléon.

Cette rentrée de l'émigration **fut**, d'ailleurs, en général, tout ce qu'on peut imaginer de moins épique, de moins glorieux, de moins fait pour engendrer l'espérance. Aujourd'hui encore, quand on lit l'histoire du commencement du siècle et qu'il faut passer de Napoléon à ce tas de viande qu'on mit en sa place, une tristesse énorme tombe sur l'âme. On s'étonne que la France, habituée, vingt ans, aux prodiges, aux éblouissements, aux pleurs d'extase, ait supporté

cela, ait pu se consoler de cette excessive
déchéance.

Il est vrai qu'au même instant naissait
d'elle, — comme une floraison merveilleuse
de cette alluvion de sang, — une génération
d'artistes et de poëtes, telle qu'il s'en était
vu très-peu. Mais nous sommes à la fin du
siècle et cette consolation ne suffit plus. On
a vu la belle époque romantique tomber dans
le néant et on a vu ce qui a suivi tomber
dans ce qui ne peut pas être nommé (1).

On a vu l'abaissement inouï, l'humiliation
sans exemple du grand peuple et on peut
concevoir d'autant mieux le pressentiment
si amer que les Français de 1815 en purent
avoir.

Non, vraiment, ces vieilles formes, ces
vieux gestes, ces vieilles plaisanteries, ces
reliques sans miracles sorties des sépulcres
sans pèlerins,... il n'y avait pas moyen de
les bienvenir ! C'était trop funèbre et c'était

(1) **Cloacam** maximam, receptaculum omnium purga-
mentorum urbis (id est Zola)... dicebat Patavinus.

devenu trop étranger. Songez donc! à ce
moment-là, on était de très-jeunes hommes
et on avait encore les yeux tout pleins des
soldats sublimes de la République et de
l'Empire!...

Mais j'y pense, est-il possible de faire
comprendre cela, aujourd'hui, à ceux qui
n'ont pas encore dépassé trente ans, qui
n'ont pas connu, comme leurs pères, les
débris de la Grande Armée qu'on trouvait
encore dans tous les villages, il y a un demi-
siècle? Ces pauvres *médaillés de Sainte-
Hélène*, racontaient à tout venant leurs
humbles histoires, toujours enveloppées dans
l'Histoire imprécise et colossale, et c'était
si beau que cela faisait un astre au cœur des
adolescents.

Qu'on juge par là des sentiments de la
jeunesse vers le commencement de la Restauration. On ne se passe pas du Beau à
vingt ans et la hideur de cette société en
décrépitude, succédant à la bousculade héroïque, éclata, sans doute, monstrueusement.

A l'exception des progénitures élevées dans la haine de tout ce qui n'était pas les princes *visibles* de la Maison de Bourbon et les traditions des gentilhommières, un dégoût immense accabla les enfants des vainqueurs du monde.

Louis XVIII, surtout, était répugnant. D'autres, peut-être, eussent été supportés. Celui-là, non. Il n'y avait pas moyen. Les gens un peu instruits des péripéties révolutionnaires savaient tous l'horrible part que cet homme avait eue à l'avilissement de la dignité royale dans les personnes augustes de son frère et de sa belle-sœur, et les manigances diaboliques au moyen desquelles il finit par les envoyer au dernier supplice.

« Caïn! Caïn! qui nous livres et nous assassines! » Ce mot de Marie-Antoinette était connu et il aurait dû être, plus tard, un obstacle invincible à l'usurpation de ce scélérat si, depuis au moins cent ans, la noblesse française n'avait pas été faite avec de la semence de goujats.

Dès 1789, Talleyrand disait : « Monsieur est taquin, orgueilleux, méchant peut-être. Il n'aime que lui et ne tire vanité que de sa maison, il feint l'amitié parce qu'il est de mode d'être sensible, et il ne parle d'amour que du bout des lèvres. Il veut la couronne, pour lui d'abord, ensuite pour sa famille... *Son frère lui fait obstacle, il est possible qu'il s'en débarrasse...* (1) Il a plus de mé-

(1) Le 2 avril 1816, le célèbre Martin de Gallardon fut mis en présence de Louis XVIII. Il a fait, beaucoup plus tard, le récit de cette entrevue :

« Le secret que j'ai à vous dire, c'est que vous occupez une place qui ne vous appartient pas. Le Roi m'interrompit en disant : —: Comment! Comment! Mon frère et ses enfants étant morts, ne suis-je pas le légitime héritier du trône? — Et moi, alors, je lui dis : — Je ne connais rien à tout cela, mais je sais bien que la place ne vous appartient pas, et c'est aussi vrai, ce que je vous dis, qu'il est vrai qu'un jour, étant à la chasse avec le roi Louis XVI, votre frère, dans la forêt de Saint-Hubert, le roi étant devant vous d'une dizaine de pas, vous avez eu l'intention de tuer le roi votre frère. Louis XVI était

moire que d'acquis et plus de lecture que
d'esprit. Son goût pour les anciens est un
moyen de jeter de la poudre aux yeux ; il lit
Horace lorsqu'on le regarde et des ordures
quand il est seul ».

Nul personnage, maître ou valet, ayant

monté sur un cheval plus grand que le vôtre et venait de
passer : vous avez été embarrassé par une branche d'arbre
qui s'est ployée de manière à vous empêcher, en passant
sous l'arbre, de commettre ce meurtre, et votre frère
avait passé sans être embarrassé par les branches du
même arbre. Vous aviez un fusil à deux coups, dont l'un
était pour votre frère le roi, et vous auriez tiré l'autre en
l'air, pour faire croire qu'on avait tiré sur vous, et vous
auriez accusé quelqu'un de sa suite. Le roi a rejoint sa
suite et vous n'avez pu réussir dans votre projet ; mais
vous avez conservé ce dessein pendant longtemps et vous
n'avez jamais eu une occasion favorable pour le mettre à
exécution.

« C'est à ce récit que le roi, frappé d'étonnement et
profondément ému, dit : — O mon Dieu ! O mon Dieu !
cela est bien vrai ; promettez-moi de garder sur toutes ces
communications le plus grand secret. Et moi, je le lui ai
promis. Après cela, je lui dis : — Prenez garde de vous
faire sacrer : car si vous le tentiez, vous seriez frappé
de mort pendant la cérémonie du sacre. Dans le moment
et jusqu'à la fin de la conversation, le roi pleura toujours... »

ROMANEY, *La Question Louis XVII.*

appartenu à l'ancienne cour, ne pouvait
ignorer la haine féroce de cet homme abominable contre la reine qui lui faisait le
crève-cœur de donner des héritiers au roi de
France; et le soupçon terrible qui fit remonter jusqu'à lui la cause du dépérissement
du premier dauphin, survenu tout à coup,
en plein état de santé.

Au baptême de Mme Royale, n'avait-il pas
osé exprimer publiquement un doute sur la
provenance de l'enfant. Le drôle savait qu'il
n'avait rien à craindre de son frère. Ce prince
indigne connaissait ce roi misérable.

Si Louis XVI avait été celui que Dieu
n'appela pas et qui eût été capable d'arrêter
la Révolution, il aurait fait couper la tête au
comte de Provence et aurait été camper à
Bourges ou à Tours, au milieu de ses provinces effarées, appelant à lui, comme un

suzerain barbare, la noblesse de tout le royaume.

Les chefs d'accusation de lèse-majesté ou de haute trahison n'eussent pas manqué, si on avait voulu chercher un peu, rien qu'un peu, par exemple, dans la hideuse affaire du marquis de Favras.

Le comte de Provence couché, la tête entre ses jambes, dans la crypte des parricides, vers son bel âge de trente ans, la monarchie très-chrétienne continuait, la rhétorique se figeait sur les homicides lèvres des bavards, aucune populace héroïque ne prenait aucune Bastille; plus d'Etats généraux, plus de Convention, plus de Terreur; l'Homme restait, comme tant de siècles auparavant, sans Droits promulgués...

Mais Dieu fait ce qu'il veut, c'est bien certain, et il était dans son inscrutable Volonté que la ruine du monde chrétien fût procurée par ce prince infâme.

A Coblentz, Monsieur se démasque tout à fait. Il devient nettement, résolument un rebelle. Oh! sans danger. Par ses soins, Louis XVI reste prisonnier de la Révolution et Louis-Stanislas-Xavier peut se promouvoir lui-même Régent de France, quasi-Roi.

Toute la valetaille émigrée, cannibale à force de peur et plus vile que le fumier, l'acclame en rampant au milieu des plus sanglantes ordures. Le plus empressé, sans doute, comme aussi le plus agréable, est probablement ce précieux comte de Valory qui fit manquer la fuite à Varennes et se conduisit, en cette occasion, comme un Judas, du commencement à la fin. Quel gentilhomme de cour s'étonnerait de le voir, en 1814, comblé de dignités par Louis XVIII? Car le sire n'est pas ingrat, quand la reconnaissance lui est conseillée par l'intérêt.

Il est connu que Charlotte Robespierre fut pensionnée par lui, en souvenir des loyaux services que lui avait rendus Maximilieu.

A chacune des étapes de notre glorieuse révolution, il arrivait, comme par magie, qu'on enfournait dans le trou de la guillotine, tous les hommes d'Etat ou braillards illustres, dont les témoignages, plus tard, eussent pu devenir gênants pour d'occultes fomentateurs, et Robespierre, naturellement, eut son tour. Il paraît que la sœur de cet *Incorruptible* sut mieux défendre sa carcasse et que, ne pouvant plus lui faire scier le cou, il fallait lui fermer la bouche avec des pièces de cinq francs.

Cette pension à la Madone du Couperet fut continuée par Charles X et PAR... la duchesse d'Angoulême, tant on était solidaire dans cette admirable famille! (1)

« Caïn! Caïn! qui nous livres et nous assassines! » On entend toujours ce cri de la pauvre reine et c'est toujours le même nom de maudit qui revient dans l'histoire de Louis XVII.

(1) « S'il vous restait un doute sur mon identité, adressez-vous *à la sœur de l'infâme Robespierre*. Personne mieux qu'elle ne pourra vous éclairer. Spandau, 25 septembre 1818. » *Lettre* de Louis XVII au duc de Berry pour être communiquée à la duchesse d'**Angoulême**.

Ce serait à périr d'ennui et d'horreur
d'énumérer les trames, les machinations, les
intrigues de mort qui occupèrent exclusivement le comte de Provence jusqu'au 21 janvier 1793 et, depuis ce jour de fête jusqu'à
son dernier soupir. Mais, dans cette seconde
période, on poursuivit une autre proie. Pour
l'atteindre, aucun crime ne parut exorbitant.
Si on ne tua pas plus, je l'ai dit, c'est que
ce n'était pas possible.

Devant quoi pouvait reculer un homme
qui avait sur la conscience la mort de son
frère et qui n'hésitait pas à faire assassiner,
après tant d'autres, son propre neveu, le duc
de Berry, pour emplir de son derrière en
putréfaction le trône de France, pendant
quatre misérables années de plus?

Arrivons au grand drame.

Napoléon a regretté à Sainte-Hélène, de
n'avoir pas effacé la Prusse de la carte de

l'Europe, quand il lui était facile de le faire.
Pourquoi ne l'a-t-il pas fait ?

L'histoire sentimentale, suggérée par
Napoléon lui-même, raconte que le terrible
vainqueur se laissa désarmer par les ossements poussiéreux du grand Frédéric. Une
version moins imbécile, mais infiniment
moins honorable pour la Prusse, veut qu'il
ait été dompté par la belle reine Louise qui
l'aurait ficelé avec sa jarretière et mené en
laisse comme une Tarasque vaincue. Cette
dernière hypothèse, si déshonorante qu'elle
soit pour la boueuse monarchie prussienne,
ne me satisfait pas complètement. J'avoue
que je ne me représente pas très-bien
l'Homme de Lobau et du Danube en colère
roulé aussi aisément qu'un collégien et don-
nant un royaume pour une passe d'amour.

Par malheur, on est en 1807 seulement.
Trois ans plus tard, Louis XVII serait installé en Prusse, interné à Spandau avec sa
patente d'horloger. La présence mystérieuse
de cet OTAGE expliquerait tout.

Mais l'infortuné prince n'est pas encore
dans les grilles de l'Aigle noir et lui-même
ne sait probablement pas où il est. Quelques-
uns le savent, pourtant, Fouché, par exemple,
et Fouché est un de ces hommes avec qui on
s'entend toujours.

Il se peut que l'*affaire* eût été déjà enta-
mée, poussée même fort loin, mais qu'un
marchandage imprévu du ministre de la
police impériale en eût retardé la conclusion
et qu'alors, l'ascendant prussien appuyé
uniquement sur une éventualité, eût été fictif
et très-dangereux. Il y a là un point d'histoire singulièrement obscur.

Ce qui n'est pas douteux, c'est qu'on fit
chanter Napoléon en 1807, exactement
comme si on avait eu sous la main ce fantôme
de Roi Très-Chrétien qu'il ne pouvait pas
vaincre en bataille rangée et dont la menace
était la seule qui fût capable de l'émouvoir.

Aussi, quand le malheur vint et que l'aigle impériale commença de frissonner, ah! que la Prusse fut prompte à se redresser contre le colosse qui, l'ayant si rudement foulée aux pieds, avait eu la générosité ou la sottise de l'épargner, sans qu'on sût pourquoi! Elle était, alors, armée contre lui, recélant en elle un antagoniste redoutable qui devait lui paraître peu différent de la foudre.

Le prestige surnaturel de la Monarchie des Lys n'était pas, comme aujourd'hui, une force éteinte, abolie. Il était, au contraire, tout vivant encore et tout puissant, — malgré l'oubli et les palpables ténèbres où ses titulaires étaient descendus, et ce ne fut pas le moindre talisman de Napoléon d'avoir donné à penser que cette vertu de quatorze siècles était captive dans les plis de son manteau impérial. Le coup le plus mortel qu'il pût recevoir était nécessairement la divulgation, l'ostentation épiphanique de l'Héritier légitime des Rois de France. Tout porte à croire qu'averti depuis longtemps de son existence, il le fit activement rechercher partout, mais qu'en cela il fut trompé par des agents plus qu'infidèles qui travaillèrent pour leur propre compte.

Patience! nous voici en 1814. Napoléon est vaincu par trahison, après une lutte incomparable qui a donné à la France autant de gloire militaire que trois siècles de sa monarchie. C'est le moment où ceux qui n'ont pas labouré ni ensemencé vont faire la moisson.

Voilà vingt-trois ans que le comte de Provence, nommé indûment Louis XVIII, erre çà et là, en Russie, en Pologne, en Suède, en Angleterre, aussi loin que possible des rapides gendarmes de l'Empereur et, partout, profondément méprisé. Ces vingt-trois ans ont été remplis de mensonges, de turpitudes et d'abominations de toute espèce. Il a vieilli plus qu'un autre, le vice ne lui réussissant pas, et de laid qu'il fut toujours, il est devenu ignoble. C'est le *roi Ubu*.

Enfin il était tellement oublié que, quand on parla de lui pour en faire un roi de France, les Parisiens surent à peine de qui on parlait et se demandèrent un moment d'où pouvait bien sortir ce gros pourceau.

Mais lui, il n'oubliait pas. Depuis les premiers jours de la Révolution, il n'avait eu qu'une pensée. Devenir roi, en supprimant les obstacles par n'importe quels moyens. Napoléon avait été l'obstacle imprévu, tout à fait insurmontable. Après Napoléon il n'y avait plus que le fils de Louis XVI. Celui-là ne faisait pas peur.

Certainement averti, l'un des premiers, de l'évasion et de l'existence de son neveu, le comte de Provence ne dut pas savoir toutes les retraites de ce malheureux enfant. Il est même probable que sa présence en Prusse lui fut cachée, au moins dans les premiers temps, avec une attention plus grande, ce qui explique la conservation, autrement

inexplicable, de sa vie. L'aigle noir n'en-
tendait pas avoir aiguisé en vain son bec et
ses serres.

Lorsqu'après Moscou et Leipsick, l'Empire craqua de toutes parts, le gouvernement
prussien connut l'allégresse. Il allait enfin
pouvoir vendre le Sang de France, ayant
sous la main un acheteur qui ne marchan-
derait pas. Voici le prix dont Louis XVIII
paya sa couronne :

Convention du 23 avril 1814. — D'un trait
de plume, Talleyrand, autorisé par le comte
d'Artois, cède d'abord aux alliés toutes les
places fortes ou ports de mer sur lesquels
flotte encore le drapeau tricolore. Ils sont au
nombre de *cinquante-quatre*, protégés par
plus de 240.000 combattants, défendus par
12.000 canons, pourvus d'équipements et
d'approvisionnements immenses, capables de
résister à de longs mois de siège. En outre,
trente-et-un vaisseaux de ligne et *douze*
frégates.

Le négociateur infâme, — qui gagnait

ainsi un pourboire de plusieurs millions, —
obtient-il la paix, du moins, pour prix de
cette inqualifiable générosité? Nullement. La
cession n'est consentie que pour permettre à
Louis XVIII de grimper sur le trône. (1)

La part de la Prusse, comme on pense, fut
incomparablement la plus belle, le comte de
Provence ayant accepté, sans discussion,
par la voie du même Talleyrand, de perdre

---

(1) « Les nécessités du moment peuvent, du moins,
faire comprendre certaines mesures. Il n'en est pas ainsi
d'un acte que, dans ces tristes jours, M. de Talleyrand
négocia, acte désastreux, que *rien ne peut justifie*r, et
qui accuse, d'une manière accablante, le caractère ainsi
que la moralité de ce personnage.

« Cet abandon, il le consommait, alors que de nom-
breuses garnisons françaises, véritables armées, gar-
daient les îles Ioniennes, toutes les places de la Bel-
gique, du Rhin, du Piémont, de la Lombardie, et la
plupart des grandes forteresses du nord de l'Europe. Ce
n'était pas même un traité de paix que cet homme ache-
tait au prix de cet immense holocauste, mais une simple
déclaration d'armistice qui ne préjugeait en rien les dis-
positions de la paix. La France, le 22 avril, était vaincue:
en signant la monstrueuse convention du 23, le prince de
Bénévent la désarma. »

VAULABELLE. *Histoire des deux Restaurations.*

le fruit des conquêtes de la République, c'est-à-dire *toute la ligne du Rhin!!!*

. La grandeur de la Prusse, devenue, aujourd'hui, l'empire Allemand, a donc eu ce commencement : la vendition d'un innocent. C'est ce qu'on nomme la Raison d'État. Rien ne pouvait plus sauver Louis XVII.

La voix de cet innocent ne devait jamais être écoutée. Quand il parla trop fort, on sut le faire taire. Et il n'y eut peut-être pas un prince en Europe qui ne fût complice de l'effroyable transaction que tous connurent nécessairement. Et, de même qu'on fermait la bouche de l'orphelin dépouillé, on ferma les bouches de tous ceux qui voulurent parler pour lui... Il n'y a pas de cauchemar qui puisse être comparé à cette histoire.

Je me souviens d'avoir décrit quelque part une terrible eau-forte de Félicien Rops. « Une femme debout, les pieds sur un enfant mort et, de ses deux mains, tragiquement *ligaturées* sur ses lèvres, bâillonnant, calfeutrant, séquestrant sa bouche!... »

C'est l'âme de Louis XVIII, c'est la Raison
d'Etat, silencieuse et pleine de morts, comme
une fosse de champ de bataille.

Le crime est le privilège des princes, mais
quand il est aussi extrafin, aussi complet
qu'en Louis XVIII, c'est un trait de caractère et la marque d'un beau génie politique.

C'est ainsi qu'on l'a entendu et la place de
ce scélérat immonde est parmi les princes
profonds. Quelle horreur!

XIII

REQUIESCAT

> Requiesces, & non erit qui
> te exterreat.
>
> *Job*, xi, 19.

Pourquoi ai-je entrepris d'écrire sur le fils de Louis XVI?

Le personnage ne m'était pas sympathique, je tiens à déclarer cela et j'ai beaucoup hésité, même après que j'étais parvenu à me décider complètement. A tel endroit, il y a eu un intervalle, une interruption de deux ans, pendant lesquels ce livre eût pu être écrit plusieurs fois. Je ne parvenais pas à me ressaisir.

Qu'on n'aille pas croire, cependant, qu'il y eût en moi l'ombre d'un doute sur l'évasion du Temple et l'identité du Dauphin avec Naundorff. Sur ces deux points, j'étais et je serai toujours inébranlable. Rien n'aurait pu ni ne pourrait m'entamer.

Seulement, que voulez-vous? Je n'aime pas les Bourbons par qui fut tuée la grande

France Catholique. Je crois leur Race rejetée ; je crois à leur déchéance irrémédiable, comme je crois aux Douze Articles du Symbole, et la personne, si douloureuse, pourtant, de Louis XVII, a des aspects de petit bourgeois qui me paralysent le cœur. Je l'ai fait remarquer plus haut, en ayant soin de noter avec précision cette ressemblance de l'horloger Naundorff avec Louis XVI, lequel résuma, ramassa en lui tout son lignage de la manière la plus expressive, la plus profonde.

Quelque bizarre ou paradoxal que cela puisse paraître, il est bien certain que le trait caractéristique des Bourbons, c'est le manque le plus complet d'*héroïsme*. Quand on en aura fini avec les clichés d'oraison funèbre qui faussent l'histoire depuis deux cents ans, il y a lieu de croire que la majesté triomphale de Louis XIV, par exemple, sera pour tout le monde ce qu'elle fut en réalité, un décor.

Il était réservé à la gent Bourbonne d'asseoir sur le trône de France les *rois sultans*, monstruosité que l'habitude seule empêche de voir.

Exceptant à peine Henri IV, dont la proverbiale vaillance paraît avoir été un peu soudarde et beaucoup gasconne, on peut dire que l'avènement de ces princes fut l'adieu définitif aux sublimes emportements chevaleresques du Moyen Age. La fille aînée de l'Eglise, polluée par Monsieur Calvin, tombait déjà à la Révolution et aux immondices.

Le nom de Bourbon tout seul ne pourrait donc pas être, pour un catholique et un vieux français de mon bord, — toujours au lendemain de la Ligue et inconsolable du fiasco de la Saint-Barthélémy, — une occasion d'enthousiasme ni, surtout, d'attendrissement.

J'ai parlé de Louis XVII parce que l'honneur de ma pensée l'exigeait de la façon la plus impérieuse et qu'il n'y avait pas moyen de

fuir ; parce que l'infortune de cet homme est
telle que les plus célèbres malheureux, com-
parés à lui, semblent n'avoir pas quitté le Paradis ; mais surtout parce que l'iniquité grandiose, absolument unique, dont il a souffert,
fait paraître comme rien les plus épouvan-
tables injustices.

J'ai parlé de Louis XVII, bien ou mal,
comme j'ai pu le faire, pour me séparer,
une fois de plus, des imbéciles, des lâches,
des domestiques ; pour accomplir, en une
façon spirituelle, le précepte évangélique de
visiter les captifs et de recueillir ceux qui
ont besoin d'hospitalité ; enfin pour délivrer
ma conscience, qui me fatiguait de ses cris,
et ne pas mourir comme les canailles sans
langue ni cœur qui se sont tues, même au
moment de paraître devant Dieu.

Ah ! il y a beaucoup d'années que je voulais jeter hors de moi cette clameur ! Mais
combien c'était difficile pour les raisons générales déjà dites et pour une autre, *très-particulière*, qui me reste à dire encore !

Tenez! voulez-vous savoir comment j'ai pu m'en tirer?

Écartant toute autre pensée que celle des souffrances de cet homme qu'il avait plu à Dieu de piler dans un mortier en expiation des crimes de sa Race, j'ai posé devant mon âme les petits cercueils de mes enfants morts de ma misère et j'ai songé à mon exil, — à moi — à mon abandon, à la haine diabolique dont les contemporains rétribuent, en ma personne, depuis tant d'années, le *seul* écrivain qui ose dire quelque chose... Alors, je me suis trouvé au diapason.

Le moment est venu, hélas! de s'occuper des sentiments ou des vues religieuses de Louis XVII. Du point où je suis placé, il est tout à fait impossible d'écarter cela. Mon travail n'aurait pas de conclusion et ne serait qu'un bavardage.

Il est certain que le prince a éloigné et

découragé par ses doctrines, des amitiés plus ou moins précieuses qui venaient à lui. Doctrines plates et moroses, subversives, au même titre que n'importe quelle ânerie protestante, de l'édifice entier de l'Eglise, de la Révélation par l'Ecriture, de tout linéament du Christianisme, de toute Beauté intérieure ou extérieure.

On ne peut nier qu'il ait écrit, entre autres choses, que l'Evangile est un amas « de contradictions, d'injustices et de mensonges ». Il est vrai qu'ailleurs il parle du Saint Evangile ou de la vertu évangélique. L'explication de cette incohérence est triste comme la mort.

Il n'avait reçu aucune éducation, aucune culture. De sept à vingt-cinq ans, le malheureux était à peine sorti de prison, de quelles prisons! Et son enfance à Versailles ou aux Tuileries, s'était passée, semble-t-il, sans aucune instruction religieuse, même rudimentaire. C'était la mode, sans doute. Marie-Antoinette ne paraît s'être souvenue de Dieu que lorsque les grilles du malheur lui entrèrent dans le ventre, et les prières du *roi-martyr* devaient être, comme ses discours, une sorte de bafouillage sentencieux.

« Des souvenirs de mon premier âge en matière de religion, il ne m'en restait pas d'autre que celui d'avoir assisté à des représentations dans la chapelle de Versailles où chacun, un livre à la main, y lisait plus ou moins, pendant que des hommes, avec des habits bigarrés, chantaient et marchaient aux sons d'une bruyante musique. Etonné de ce spectacle, je questionnais ma mère qui me répondait : — C'est la sainte messe ; le bon Dieu est ici présent, il faut prier ; nous sommes réunis pour lui adresser nos hommages. Telle avait été toute mon éducation religieuse, lorsque je fus enfermé avec ma famille sous les verroux de la Tour du Temple (1). »

(1). Partie préliminaire de la *Doctrine céleste* de Notre Seigneur Jésus-Christ, publiée par le fils de Louis XVI, Roi de France, Charles-Louis, duc de Normandie. Genève, 1839.

Avec tout cela, aussi peu doué que possible et, comme la plupart des Bourbons, incapable d'*idées générales*, ce qui implique
une déchéance de la raison pouvant aller
jusqu'aux confins de l'animalité.

On est saisi de pitié, d'étonnement, d'horreur, quand ce fils de roi, très-inférieur par
l'intelligence au plus misérable manouvrier
de son royaume, déclare qu'il n'y a pas de
mystère en Dieu, *puisque Dieu est la vérité;*
que la doctrine catholique est mauvaise,
*parce qu'*il y a de mauvais prêtres; qu'il n'y
a pas de Trinité, *parce que* trois ne font pas
un et qu'un ne fait pas trois ; que l'Eglise ne
doit pas être appelée romaine *parce que* son
chef pourrait être relégué à Vienne ou à
Constantinople ; que la messe est une invention des hypocrites, *parce que* le Seigneur a
recommandé de prier en secret, etc.. etc.

Et tout cela n'est rien encore auprès de
la confondante et irrévélable imbécillité de
ses calculs dans la prison de Brandebourg,
en vue de savoir combien il a fallu que le

bon Larron fit de milliers de lieues à la
seconde pour arriver *le jour même* dans le
Paradis !!! En présence d'une misère si profonde, le cœur se trouble et s'afflige...

Mais il ne faut pas craindre de le redire,
malgré la tristesse immense de l'aveu. Dieu
avait peu donné et les hommes n'avaient
rien donné du tout. L'intelligence du pauvre
prince était au-dessous du médiocre et son
ignorance épouvantable (1).

Lorsqu'il eut été reconnu par des personnes honorables dont le témoignage
n'était pas suspect, et qu'il put raisonnable-

(1) Ici, j'aurai contre moi une multitude de gens, même
parmi les adversaires de Louis XVII C'est, en effet,
aujourd'hui, la plus grande preuve d'esprit que de savoir
les mathématiques. L'homme de génie, c'est l'inventeur
de machines, indiscutablement. Celui-là est à cent mille
piques au-dessus d'un théologien ou d'un poète. Dans
mon enfance, il n'en était pas ainsi. Quelques-uns
croyaient encore à la Grandeur invisible. Les mécani-
ciens étaient considérés comme des gens utiles qu'on

ment réclamer son état civil, on lui fit
entendre qu'un légitime successeur des Rois
Très-Chrétiens de la Fille aînée de l'Eglise,
devait nécessairement être catholique. Il
consentit, à quarante-neuf ans, à se laisser
instruire. En 1834, il était à Saint-Arnoult,
près de Rambouillet, chez le curé Appert
qui le préparait à sa première communion.

Les démons durent s'avouer incapables
d'un pire choix. Ce curé Appert fut, plus
tard, signataire, avec son néophyte et deux

invitait affectueusement à rester à leur place, quand il le
fallait. Pour les bonnes gens d'alors, nulle différence
esthétique entre la découverte de la poudre à canon et
celle du fil à couper le beurre.

Depuis cette époque, j'avoue n'avoir pas fait un pas
dans le sens des idées modernes et je suis le dernier
homme du monde pour apprécier Louis XVII en tant
qu'*inventeur*. On a dit qu'il était, à cet égard, exception-
nellement doué et que ses trouvailles furent étonnantes
pour l'époque. Il paraît que ce pauvre digne fils de
Louis XVI rêvait, par ses inventions pyrotechniques,
l'abolition de la guerre, à force d'horreur. Il voulait
délivrer l'humanité de ce monstre de magnificence...

Il n'y a vraiment pas là de quoi modifier mes vues sur
le malheureux incrément de la plus belle de toutes les
monarchies militaires.

autres apostats, de l'inimaginable recueil de
« Prescriptions dictées par un Ange de la
part de l'Eternel pour les pasteurs de l'Eglise
catholique-évangélique » dont le duc de
Normandie, *ci-devant catholique romain*,
était le fondateur et le « protecteur ».

La rencontre de cet *apôtre* est évidemment
une des preuves les plus troublantes et les
plus certaines de l'acharnement des puissances noires contre l'enfant déplorable de
Louis XVI. Cette époque fut, d'ailleurs, celle
des visions bizarres qu'il a racontées, dont
l'enfantillage et la hideur justifient toutes
les défections.

Dieu me préserve d'analyser son intolérable *Doctrine Céleste*, où cet héritier pré-
somptif de Louis XIII qui donna la France
à Marie, déclare, en maint endroit, son mépris et sa haine pour la Mère de Dieu (1),
et où *trois* anges qui ne sont, sans doute,

(1). La pauvre médaille qui l'avait sauvé, le 28 janvier
1834, était, alors, oubliée profondément. Tout autre
qu'un Bourbon s'en serait souvenu.

pas les moindres, lui révèlent un Evangile
tout à fait nouveau d'où l'Incarnation même
a disparu.

Ces anges qui savent assez mal la langue
française, parlent souvent, avec une hauteur
toute céleste, des pauvres gens qui croient
lire la Parole Sainte, sans avoir étudié *le sy-
riaque* ni *l'hébreu* (sic) !... La stupidité
crasse de cette œuvre est à sangloter (1).

C'était bien la fin des Bourbons, cela !
Impossible de tomber plus bas.

Il fallait, cependant, que quelque chose

(1) Titre de l'ouvrage devenu, heureusement, très-rare :
Doctrine céleste ou l'Evangile de Notre Seigneur Jésus-
Christ dans toute sa pureté primitive, tel qu'il l'a prêché
lui-même pendant sa carrière terrestre ; révélé de nouveau par trois anges du Seigneur et confirmé par Jésus-
Christ lui-même, par (*sic*) la réprobation de la Papauté
romaine ; avec toutes les preuves de son imposture contre
la doctrine de Notre Sauveur. Publié par le fils de
Louis XVI, roi de France, CHARLES-LOUIS, duc de Normandie, 1839. Sans nom d'éditeur. Genève. — Imp. Ch.
Gruaz.

justifiât ou expliquât l'enthousiasme de quelques-uns des partisans de Louis XVII. Le
voici donc, ce quelque chose, et j'avouerai,
tant qu'on voudra, que c'est un mystère.

Le fils de Louis XVI, était marqué, stig-
matisé de son origine. Ses ennemis eux-
mêmes ont dit qu'on ne pouvait pas le voir
sans éprouver une commotion. Ayant dépouillé l'horloger prussien d'une manière si
complète qu'elle en paraissait miraculeuse,
il avait des éclats imprévus, des reflets sou-
dains, comme une pauvre moire antique
déteinte et fanée par les saisons. Il parlait
tout-à-coup en roi, mais en roi des cata-
combes dont la voix triste serait venue du
sein de la terre. Certains mots de lui don-
nent le frisson des caveaux…

Instinctivement, quoique ayant les pieds
dans la mort, il tentait de s'élancer vers
l'Absolu du Droit Divin de ses Ancêtres,
que son père avait été si incapable de comprendre, et qu'on eût entrepris vainement,
je suppose, de lui faire comprendre à lui-

même. S'il avait eu la permission de régner, il eût été un *roi honnête*, hélas! mais non pas, peut-être, sans des étincelles de grandeur, quelque incompatible que cela soit.

« Tout homme est l'addition de sa race », a dit admirablement un philosophe.

Celui-ci était fait comme une tombe sur laquelle on aurait écrit :

CI-GIT

BOURBON

ÉPILOGUE

Vide, Domine, & considera,
quoniam facta sum vilis.
Lamentations, I, 11.

Et, maintenant, quand viendra l'AUTRE?

« Il m'est impossible, écrivais-je en 1894, de penser à cet homme de rêve et de prodige, sans être atteint dans l'intime de mon âme. La figure de Louis XVII, errant et renié par toute la terre, n'est-elle pas la plus étonnante *prophétie?*

« Je songe qu'il y a certainement QUEL-QU'UN de très-pauvre, de très-inconnu et de très-grand, qui souffre de la même manière, *en ce moment*, et qu'il faut avoir peur de méconnaître, quand on LE rencontrera. »

Ceux qui pensent avec moi que ce Consolateur des désespérés ne peut apparaître que lorsque le monde sera en agonie, doivent, aujourd'hui, l'attendre d'heure en heure.

La France n'a jamais été si près de mourir.

Depuis le jour où il fut permis à la dernière venue et à la plus basse des nations de lui marcher sur le cœur, il ne lui a plus été possible de se relever.

L'outrage de cette ennemie, devenue si forte *pour avoir trafiqué du sang innocent*, est la plaie infâme qui ne peut pas être guérie et qui dévore en putréfiant.

La Reine des reines, mourante de langueur et *frappée dans sa raison*, convie, aujourd'hui, tous les peuples au lupanar d'une Exposition universelle!...

Il est temps que se montre un sauveur pauvre, un sauveur conspué, un sauveur infiniment méconnu, un Sauveur qui sauve et qui règne.

Il n'est que temps, ô Seigneur!

FIN

LE GARÇON
DE LA « REINE PÉDAUQUE »

> On se rappelle que Rodol-
> phe Salis, patron du *Chat
> noir*, habillait ses garçons en
> académiciens.

M. Anatole France paraît tenir à être cru *spéculatif*, exclusivement. «... Vous entendrez le langage d'une âme toute spéculative », disait-il, le 24 décembre 1896, dans son discours de réception à l'Académie française, étant sur le point d'entamer l'*éloge* du Grand Français, — éloge qui n'était possible, au lendemain du Panama, qu'en un tel lieu et par un tel homme...

Tout le monde sait qu'on entre à l'Académie comme dans un moulin.

M. Anatole France qui n'ignore peut-être pas la valeur approximative du pauvre millier de mots dont se contenta le génie de Bossuet ou de Saint-Simon, aurait bien voulu dire, sans doute, qu'il avait une âme *contemplative*! Il n'osa pas. Un reste de je ne sais quoi le retint:

Il est sûr qu'une aussi audacieuse affirmation, même proférée par un moins fan-
geux immortel, eût été énorme dans un endroit que la longue présence de feu Renan
avait rendu peu différent d'une étable.

M. Gréard, qui paraît être le lapin de
l'Académie, lui en sut gré. Il salua en lui
« un amant de la Beauté » et, en conséquence, lut aux dames ces lignes cueillies
dans la préface d'un des tomes du récipien-
daire :

« Depuis que j'entretiens des choses de
l'esprit un public d'élite (1), je peux me rendre cette justice : On m'a vu souvent incertain, mais toujours sincère. J'ai été vrai et,
par là, du moins, j'ai gardé le droit de parler
aux hommes. Je n'y ai, d'ailleurs, aucun
mérite. Il faut, pour bien mentir, une rhétorique dont je ne connais pas le premier
mot. Je ne sais parler que pour exprimer ma
pensée ».

---

(1) Le public du *Temps* et de Francisque Sarcey.

Quelques admirateurs de *Thaïs* ou de je ne sais quelles autres saletés impies, seront bien aises, j'imagine, de trouver ici une forte preuve de cette *sincérité*, de cet amour du vrai, de cette ignorance heureuse de la rhétorique du mensonge, dont M. Anatole France veut nous faire admirer en lui l'assemblage.

... Il y a jusqu'à des écrivains renommés, tels qu'Anatole France, qui se complaisent à la douteuse besogne de répandre la calomnie et de faire de l'esprit avec les souffrances d'un innocent. En effet, pas plus tard que le 12 octobre 1895 encore, M. Anatole France, entre autres énormités, affirma... sans preuves : « Il (Naundorff) venait d'Allemagne où, par suite de ses malheurs, il avait pris le nom de Naundorff et fait de la fausse monnaie ». (*L'Univers illustré* du 12 octobre 1895). Avec ça qu'en traitant ainsi un thème dont il ignore le premier mot, M. Anatole France ne commet pas le crime de *fausse histoire* d'une manière infiniment plus certaine que le prétendu Naundorff n'a commis celui de fausse monnaie...

Et l'instruction la plus minutieuse, en même temps
que la plus malveillante, n'ayant su convaincre
« Naundorff » du crime de fausse monnaie, à l'époque
même où on lui tendit ce piège judiciaire, M. Anatole France, pensons-nous, n'élèvera pas la préten-
tion de prouver aujourd'hui, ni demain, le bien
fondé de son allégation. Et cette dernière, fatalement
destinée à rester injustifiée et injustifiable, se trans-
forme par cela même en une calomnie que M. Anatole France ferait bien de ne pas continuer à abriter
sous son nom grandissant...

Mais, par rapport à M. Anatole France, quelques
autres remarques deviennent nécessaires pour
prouver que, lorsqu'il s'agit de cette malheureuse
question Louis XVII, même les plus honorables
s'adonnent à la malveillance systématique.

Aussitôt que, grâce à l'*Argus de la Presse*, l'article de M. Anatole France nous fut signàlé, nous
nous empressâmes de lui envoyer, *recommandée*, la
lettre suivante :

              « Pointe du Bugull,
            « Belle-Ile-en-Mer, Morbihan,
          « le 15 octobre 1895.

« MONSIEUR,

« J'ai déjà eu l'occasion de vous écrire, il y a deux
ou trois ans, et ce que je vous faisais remarquer
alors aurait dû vous rendre plus circonspect dans

votre manière de traiter la question Louis XVII-
Naundorff. Je ne pense pas que vous ayez jamais eu
à vous plaindre de ce dernier. Alors pourquoi l'atta-
quez-vous par des allégations sans preuves, et avant
d'avoir *étudié* le problème que vous prétendez ré-
soudre ?

« Vous portez un grand nom dans la littérature
moderne et vos ouvrages d'imagination sont à juste
titre très-estimés (1). Pourquoi, dès lors, vous
mêlez-vous de faire de l'histoire ? Pourquoi vous
faut-il abuser de votre célébrité en répandant sous
son couvert la calomnie contre « Naundorff » que
vous accusez d'avoir « fait de la fausse monnaie »
alors qu'il vous est impossible d'apporter une seule
preuve historique ou judiciaire en faveur de votre
assertion plus fausse que la fausse monnaie que
« Naundorff » aurait fabriquée ?

« Comment pouvez-vous dire, en parlant de Tort
de la Sonde, ami de Louis XVII, qu' « on n'a jamais
entendu parler depuis » de ce personnage, alors que
je vous avais donné moi-même par écrit quelques
indications sur lui et qu'il vous aurait suffi d'ailleurs
d'ouvrir les récentes livraisons de l'*Intermédiaire
des Chercheurs et Curieux* pour trouver de nombreux

---

(1) Je prie le lecteur de se rappeler que ce n'est pas
moi qui parle.   LÉON BLOY.

détails sur ce personnage, détails ·envoyés tant par M. Alfred Bégis que par moi !

« Où avez-vous lu que c'est dans le château de Tort de la Sonde que Louis XVII aurait été « décou- vert et conduit en prison » ? *Nulle part !* Aussi tout cela prouve, monsieur, que vous ignorez le premier mot de l'histoire de Louis XVII et que, par consé- quent, il n'est pas très-consciencieux ni très-digne d'un nom littéraire tel que le vôtre de se complaire à des attaques aussi injustifiées.

« Il va sans dire aussi que, le vaste panier conte- nant « plusieurs centaines de mille francs » envoyés un jour au Prétendant, appartient au règne de la Fable.

« Jamais non plus « Naundorff » ne s'est appelé *Charles-Louis de France.*

« En un mot, Monsieur, votre article est pi- toyable et bien fait pour diminuer aux yeux de ceux qui « savent » la juste estime qui s'attache à votre nom.

« Je ne vous demande pas d'insérer cette lettre sortie d'une plume trop indignée. Je vous demande de prouver que « Naundorff » a « fait de la fausse monnaie », et à défaut de cette preuve, de rectifier prochainement cette calomnie en avouant que le bien fondé de l'accusation n'a jamais été démontré.

« Veuillez agréer, monsieur, l'expression de mes sentiments distingués.

« Otto Friedrichs. »

M. Anatole France ne crut pas devoir s'amender.

Mais après cette constatation attristante (puisqu'il s'agit d'un écrivain tel qu'Anatole France), écoutons-le se donner immodestement et mensongèrement des gants ! Remarquez dans la phrase suivante, extraite de l'*Univers illustré* du 26 octobre 1895, l'association d'idées, car c'est encore à propos de Louis XVII qu'il parle. Et dans ce qu'il dit, transpire comme une secrète, mais fort timide réponse à notre lettre. Manifestement, il a senti le besoin de chercher à rassurer sa conscience secouée. Y aurait-il réussi ? Ce serait alors une preuve de l'inconscience caractérisée de ce brillant écrivain... Mais voici cette phrase :

« Qu'on ne s'attende point cependant à des circonstances trop merveilleuses. Je serai exactement vrai ; ce n'est pas le moyen d'amuser tout le monde ; il faut être bien raisonnable pour se plaire à la vérité. Mais je n'ai point d'imagination *et ma véracité est une vertu forcée !* »

Voyons cette « vertu » forcée :

M. Anatole France prend sur lui d'éditer, une fois de plus, la calomnie de fausse monnaie contre « Naundorff ».

Il reçoit nos observations critiques à ce sujet.

Il a quinze jours pour réfléchir et prendre le parti que la loyauté lui prescrit.

Il prend le parti... contraire à cette loyauté faute d'avoir le courage nécessaire pour reconnaître son tort.

Et M. Anatole France, qui prétend n'avoir « point d'imagination », de prouver qu'il n'en a que trop en écrivant : « ma véracité (?) est une vertu forcée » !

Au reste cet article du 26 octobre recèle une autre perle que voici : « Je suis trop bien sûr que le pauvre petit Dauphin est mort au Temple, après de longues misères ». Or il est élémentairement et mathématiquement certain qu'on ne peut être sûr d'une chose qu'on n'a pas étudiée...

Bref, maintenant que M. Anatole France a franchi le seuil de cette « Immortalité »... limitée qu'on appelle l'Académie ; maintenant qu'il n'a plus besoin de flatter le fameux parti des Ducs, dont le chef, le Duc d'Aumale, avait toutes les raisons possibles pour faire mourir Louis XVII au Temple, — ce qui fait que M. Anatole France en était « trop bien sûr », — pouvons-nous maintenant demander à « l'Immortel » fraîchement débarqué, d'apporter dorénavant plus de justice et plus de véracité, et plus de « vertu... forcée » ou non ! dans ses études sur Louis XVII ?

La leçon perdue pour le brillant écrivain ne devait pas l'être pour le public. C'est pourquoi nous avons cru devoir oublier la lettre envoyée directement à M. Anatole France. Il est bon qu'on sache de quelle manière peu délicate, avec quelle absence de toute bienséance littéraire, avec quel manque de conscience, de grands écrivains eux-mêmes ne se gênent pas pour tromper la bonne foi de leurs lecteurs.

La Question Louis XVII, pages 105 et 106.

« Paris, le 24 mars 1900.
Rue Hamelin, 27.

« MONSIEUR,

« Dans le *Figaro* du 21 mars, M. Anatole France déclare que Naundorff était un « juif de Potsdam ».

« En réponse à cette double affirmation erronée, je fais appel à votre impartialité pour vous prier de bien vouloir insérer ces quelques lignes.

« Naundorff » n'était pas juif.

« Naundorff » n'est pas né à Potsdam.

« Je défie M. Anatole France de prouver ce qu'il avance. S'il apporte la preuve de l'origine juive de Naundorff et de sa naissance à Potsdam, je m'engage à verser à la caisse de votre journal la somme de dix mille francs à distribuer aux pauvres de Paris. M. Anatole France aura, en outre, rendu un inestimable service à l'Histoire, puisqu'il est bien évident que la *question Louis XVII-Naundorff* n'existe plus, s'il est établi que ce prétendant était juif et qu'il est né à Potsdam.

« Il suffirait même d'une seule de ces preuves pour démasquer à tout jamais « Naundorff » et sa dynastie. Qu'on l'apporte donc, cette preuve, et qu'on en finisse une bonne fois avec cette question historique de la survie de Louis XVII dans la personne du prétendu imposteur qui, depuis 1845, repose à Delft sous les noms et les titres dont seul le fils de Louis XVI avait le droit de se parer.

« Veuillez agréer, monsieur, l'expression de mes sentiments très-distingués.

« OTTO FRIEDRICHS. »

Le Figaro, 28 mars.

L'affaire en est restée là.

Il est sûr que M. Anatole France, de plus en plus immortel, est installé dans un fier fauteuil pour mépriser ces deux lettres d'un *historien* peu informé des consignes de la valetaille, et qu'il n'y répondra rien — jusqu'au jour où ses Ducs le sonneront pour lui commander une nouvelle turpitude.

Ce jour-là, il n'y répondra pas davantage.

NOTE

SUR LE PORTRAIT DE LOUIS XVII

Les estampes qui témoignent de l'évasion de Louis XVII se rencontrent assez difficilement.

Dans la *Plume*, récemment, j'ai eu l'occasion de signaler les seules connues jusqu'à ce jour.

L'une d'entre elles représentant un saule pleureur, dont les branches et les feuillages dissimulent les silhouettes de la famille de Louis XVI, a eu les honneurs d'une description très-détaillée dans la *Gazette Nationale ou le Moniteur Universel* du 10 août 1795. Dans cette estampe, un serpent darde sa langue en forme de flèche dans la direction de la silhouette de Louis XVII : « le petit Capet » comme s'exprime le style révolutionnaire. Mais ce serpent, au lieu d'atteindre Louis XVII, va se buter contre le tronc de l'arbre qui s'interpose entre lui et la victime choisie. Et le *Moniteur* d'expliquer la version qu'il faut donner de cette curieuse image du temps : ce serpent, déclare-t-il, représente « la Convention nationale qui, dit-on, voudrait et ne peut atteindre le petit Capet » !... Ainsi la survie de Louis XVII est dénoncée deux mois après sa mort officielle mais simulée au Temple ! J'ai signalé aussi le portrait de Louis XVII peint par le comte de Novion et gravé par L. A. Claessens avec cette légende : « Vive Louis XVII, roi de France.

Veille sur lui, Grand Dieu, qui sauvas son enfance ! »
J'ai encore mentionné le mêmeportrait gravé par Schleich
avec cette variante dans l'inscription : « Veille sur lui,
grand Dieu. Tu sauvas son enfance. »

Ce que j'ignorais alors, je le sais aujourd'hui : car on
n'a jamais fini d'apprendre... C'est que, pour son portrait
de Louis XVII et pour ses légendes dévoilant si nettement l'évasion de l'Enfant-Roi, le comte de Novion s'était
inspiré d'une pièce de l'époque, pièce rarissime dont le
Dieu des collectionneurs, lui aussi un « Grand Dieu » !
m'a fait retrouver l'original imprimé sur soie et dont, en
vingt années de recherches constantes sur Louis XVII,
je n'ai jamais vu un second exemplaire dans aucun dépôt
public ni dans aucune collection particulière.

De ce portrait, on trouve ici, comme frontispice à ce
livre, la reproduction *grandeur de l'original*. Je souligne
grandeur de l'original parce que la planche publiée par le
comte de Novion est d'une grandeur à peu près quadruple.
La légende de l'original porte, en outre de celle donnée
par le comte de Novion dans le portrait gravé par Claessens, ces mots qui trahissent l'époque : *Dieu et le Roi*, mots
qui n'avaient plus de raison d'être, puisque Louis XVII
était définitivement méconnu lorsque, plus tard, le comte
de Novion s'inspira de ce précédent. Une autre différence
est caractéristique à cet égard : c'est que le portrait peint
par de Novion est accompagné, à chacun des quatre coins,
d'une larme remplaçant les fleurs de lys qui ornent le
portrait original.

Le comte de Novion était sans doute partisan de ceux

qui connaissaient l'évasion de Louis XVII mais qui le croyaient mort avant la Restauration. Et alors les larmes étaient de mise... en souvenir de celles que Louis XVIII avait versées, pour pouvoir avec une hypocrisie plus artistique et plus raffinée, ceindre la couronne volée à son neveu...

OTTO FRIEDRICHS.

TABLE

14.

G. BINET VALMER
Le Sphinx de Plâtre
(2ᵐᵉ éd.). Un vol. gr. in-18. Un vol. gr. in-18. . . . .

LÉON BLOY
La Femme Pauvre
« Contemporain. Roman (2ᵐᵉ éd.) . . . .

JEAN DE CHILRA
L'heure sexuelle
(8ᵐᵉ éd.). Un vol. gr. in-18. . . . .

ALBERT DELACOUR
Le Roy
ɩ (2ᵐᵉ éd.). Un vol. gr. in-18 . . . .

EUGÈNE DEMOLDER
La Route d'Émeraude
ɩ (2ᵐᵉ éd.). Un vol. gr. in-18. . . . .

EDOUARD DUJARDIN
nitiation au Péché et à l'Am
ɩ (9ᵐᵉ éd.). Un vol. gr. in-18 . . . .

LOUIS DUMUR
uline ou la Liberté de l'Am
ɩ (4ᵐᵉ éd.). Un vol. gr. in-18. . . . .

Escal-Vigor

(2me éd.). Un vol. gr. in-18 . . . .

Mes Communions

(2me éd.). Un vol. gr. in-18 . . . .

ANDRÉ GIDE

e Prométhée mal enchaîn´

.(2me éd.) Un vol. petit in-18. . . . .

REMY DE GOURMONT

Le Songe d'une femme

familier (3me éd.). Un vol. gr. in-18 . . . .

CHARLES-HENRY HIRSCH

La Possession

(2me éd.). Un vol. gr. in-18 . . . .

FRANCIS JAMMES

Clara d'Ellébeuse

l'Histoire d'une ancienne Jeune F

(3me éd.). Un vol. petit in-18. . . . .

CAMILLE LEMONNIER

La Petite Femme de la Mer

d.) Un vol. gr. in-18. . . . .

Un Mâle

Aphrodite

Roman (69me éd.). Un vol. gr. in-18 . . . .

La Femme et le Pantin

Roman espagnol (25me éd.). Un vol. gr. in-18 . . . .

EUGÉNE MOREL

Les Boers

Roman (3me éd.). Un vol. petit in-18 . . . .

RACHILDE

La Tour d'Amour

Roman (5me éd.). Un vol. gr. in-18 . . . .

Les hors nature

Mœurs contemporains, roman (8me éd.). Un vol. gr. in-18 . . . .

La Jongleuse

Roman (5me éd.). Un vol. gr. in-18 . . . .

HUGUES REBELL

La Nichina

Roman (11me éd.). Un vol. gr. in-18 . . . .

La femme qui a connu l'em

Roman (5me éd.). Un vol. gr. in-18 . . . .

ACHEVÉ D'IMPRIMER

le vingt-deux juin mil neuf cent

PAR

L'IMPRIMERIE Vᵛᵉ ALBOUY

POUR LE

MERCVRE

DE

FRANCE

ND - #0042 - 030323 - C0 - 229/152/14 [16] - CB - 9780265398746 - Gloss Lamination